T0274659

Palestina
en pedazos

LINA MERUANE
Palestina en pedazos

RANDOM HOUSE

Papel certificado por el Forest Stewardship Council®

Primera edición: mayo de 2023

Printed in Spain – Impreso en España

ISBN: 978-84-397-4230-2
Depósito legal: B-5.664-2023

Impreso en Liberdúplex (Sant Llorenç d'Hortons, Barcelona)

RH42302

Índice

VOLVERSE PALESTINA

A mi padre, que se niega a regresar
A mis amigos A y Z, que se niegan a partir

El destino de los palestinos ha sido, de algún modo,
no terminar donde empezaron sino en algún lugar
inesperado y remoto.

EDWARD SAID

I. La agonía de las cosas

volveres prestados

Regresar. Ese es el verbo que me asalta cada vez que pienso en la posibilidad de Palestina. Me digo: no sería un volver sino apenas un visitar una tierra en la que nunca estuve, de la que no tengo ni una sola imagen propia. Lo palestino ha sido siempre para mí un rumor de fondo, un relato al que se acude para salvar de la extinción un origen compartido. No sería un regreso mío. Sería un regreso prestado, un volver en el lugar de otro. De mi abuelo. De mi padre. Pero mi padre no ha querido poner pie en esos territorios ocupados. Solo se ha acercado a la frontera. Una vez, desde El Cairo, dirigió sus ojos ya viejos hacia el este y los sostuvo un momento en el punto lejano donde podría ubicarse Palestina. Soplaba el viento, se levantaba un arenal de película y pasaban junto a él centenares de turistas de predecibles zapatillas y pantalones cortos y mochilas, turistas estrangulados por sus cámaras japonesas, las manos sudorosas llenas de paquetes. Turistas rodeados de guías y de intérpretes a los que no prestaban atención. Mi padre asomó la cabeza entre ellos. Extendió la mirada hacia ese pedacito de Palestina pegado al borde de Egipto, esa Palestina que se sentía distante y distinta a la idea que él tenía de Beit Jala. Esa era la Gaza cercada, acosada, musulmana y ajena. Estuvo, otra vez, mi padre, en el borde de Jordania; su vista pudo abarcar el desierto que atravesaba la frontera. Habría sido cosa de acercarse al cruce pero sus grandes pies permanecieron hundidos en la arena escurridiza de la indecisión. Viendo una oportunidad en la duda mi madre señaló, a lo lejos, su pequeño índice estirado y tieso, el extenso valle del río Jordán que se desprendía del monte Nebo, todas las aguas apuradas que la religión cristiana da por benditas, e insistió en pasar a Cisjordania. Tenemos que ir, le dijo con urgencia, como si fuera ella la palestina. Después de tantos años juntos así había llegado a sentirse mi madre, otra voz en ese clan rumoroso. Pero mi padre se dio la vuelta y caminó en dirección opuesta. No iba a someterse a la espera arbitraria, a la meticulosa revisión de su maleta, al abusivo interrogatorio de la frontera israelí y de sucesivos puestos de control. No iba a exponerse a ser tratado con sospecha. A ser llamado extranjero en una tierra que considera suya, porque ahí sigue, todavía invicta, la casa de su padre. Ahí, del otro lado, se encuentra esa herencia de la que nadie nunca hizo posesión efectiva. Quizás le espante la posibilidad de llegar a esa casa sin tener la llave, tocar la puerta de ese hogar vaciado de lo propio y lleno de desconocidos. Debe espantarle recorrer las calles que pudieron ser, si solo las cosas hubieran sido de otro modo, su patio de juegos. El martirio de encontrar, en el horizonte antes despejado de esas callejuelas, las pareadas viviendas de los colonos. Los asentamientos y sus cámaras de vigilancia. Los militares enfundados en sus botas y sus trajes verdes, sus largos rifles. Los alambres de púas y los escombros. Troncos de añosos olivos rebanados a ras de suelo o convertidos en muñones. O quizás es que cruzar la frontera significaría para él traicionar a su padre, que sí intentó volver. Volver una vez, en vano. La guerra de los Seis Días le impidió ese viaje. Se quedó con los pasajes comprados, con la maleta llena de regalos y la amargura de la desastrosa derrota que significó la anexión de más territorios palestinos. Esa guerra duró apenas una semana, pero el conflicto seguía su curso infatigable cuando murió mi abuela: la única compañera posible de su retorno. Esa pérdida lo lanzó a una vejez repentina e irreparable. Sin vuelta atrás. Como la vida de tantos palestinos que ya no pudieron o no quisieron regresar, que olvidaron incluso la palabra árabe del regreso; palestinos que llegaron a sentirse, como mis abuelos, chilenos comunes y corrientes. Los cuerpos de ambos están ahora en un mausoleo santiaguino al que yo no he vuelto desde el último entierro. Me pregunto si alguien habrá ido a visitarlos en estos últimos treinta años. Sospecho que no. Sospecho incluso, pero no pregunto, que nadie sabría decirme en qué lugar del cementerio están sus huesos.

traducción definitiva

¿Con qué nombre se los despidió? ¿Con el Salvador del castellano o con el Issa árabe que significa Jesús? ¿Con el Milade o el María? Mi madre da un respingo en su silla y yo doy otro al escuchar por primera vez esos nombres: los de la lengua perdida. Mi padre se remueve en su asiento intentando recordar cuáles de ellos se tallaron en las lápidas.

falsa pista de un apellido

Empiezo por escribir la palabra Meruane. Oprimo la lupa que inicia la búsqueda en una base de datos. El único resultado que me devuelve la pantalla es un artículo publicado en una revista británica. «Sahara en 1915»: así se titula. Echo a andar la máquina de la imaginación. Un Meruane explorador-de-cantimplora en el desierto. Un Meruane negro trasladado a Palestina (pasan por mi memoria las fotografías de mi padre treintañero, su pelo corto de pequeños rizos, grandes anteojos oscuros cubriendo su piel asoleada, labios anchos como los míos). El eslabón perdido de África en mi sangre, pienso. Pero las fechas no cuadran: alrededor de 1915 fue que mi abuelo emigró a Chile desde Levante. Me sumerjo de todos modos en la lectura y me enredo en datos de una topografía interrumpida y destrozada por la construcción de una vía ferroviaria. Se citan seis oasis argelinos y cauces de ríos deshidratados, trozos desolados de desierto, trechos de costra salmuera. Líneas más abajo aparece, por fin, la palabra. Meruane: otro lago salado y seco que nunca tuvo importancia y ha sido completamente borrado del mapa.

recapitular

La recapitulación del pasado se ha vuelto dudosa incluso para mi padre. No le contaron suficiente o no prestó atención o lo que le llegó era material demasiado reciclado. Delega a menudo el relato en las hermanas que le quedan. Seguro tus tías saben, dice él deshaciéndose de mis preguntas, seguramente sabrán más que yo, repite, empujándome un poco más lejos con esa frase porque teme que también en sus hermanas el tiempo haya sembrado sus olvidos. Invariablemente mi tía-la-primogénita se defiende diciendo, cuando le pregunto cualquier detalle: ¿Cómo tu papá no te ha contado? Mi padre se encoge de hombros desde el otro extremo de la mesa. ¿Y no lees la revista *Al Damir*?, sigue la misma tía, la más memoriosa. Me obliga a recordarle que hace años me fui de Chile y no tengo acceso a esa publicación. ¿Y tu papá por qué no te la manda? Soy yo la que se encoge ahora. Hay una acusación de indiferencia en el aire. Una acusación que cae sobre mí y sobre mi padre aunque él mantiene, como muchos paisanos de esa generación, un vínculo solidario con Beit Jala del que jamás hace alarde. Ayudas monetarias que sumadas sostienen, allá, un colegio llamado Chile. Una plaza llamada Chile. Unos niños, palestinos de verdad, si acaso la verdad de lo palestino todavía existe.

superstición musulmana

Esa es una superstición islámica, me dice Asma cuando llego a conocerla en Nueva York y le cuento esta parte chilena de nuestra historia palestina. ¿Qué es?, pregunto confundida, levantando la voz porque ha aumentado la bulla alrededor. Eso de no declarar lo que se hace por caridad es una creencia muy arraigada en el mundo musulmán, responde. El hecho debe permanecer en secreto o pierde su gracia. Pero mi padre no es musulmán, le digo a Asma, que sí lo es. No lo será, pero tu padre tiene una superstición islámica, insiste ella; como mi marido, agrega: él que también es cristiano está lleno de nuestras supersticiones.

letras que nadie ha visto

Otra tarde, en algún regreso mío a Chile, le propongo a mi padre empezar a retroceder. Refrescar esos lugares que se nos han ido secando. Lugares, esos, de los que nos fuimos yendo sin volver la vista atrás. Él, como antes sus padres la Beit Jala natal, abandonó hace mucho la pequeña ciudad-de-provincia donde nació. Y yo, como ellos, me he ido moviendo: he tenido distintas direcciones. Alguna vez intenté volver a la casa santiaguina donde crecí. Bajo el mismo techo, aunque ya sin las paredes divisorias, se alojaba una tienda de alfombras persas. En medio de la más absoluta desorientación fui levantando uno por uno los bordes de las alfombras hasta que encontré una señal inequívoca del lugar donde estuvo mi cama: la herida que una de las patas de hierro había ido abriendo en el parqué a lo largo de los años. Ya no estaba la muralla de la que había que separar la cama cada mañana, para hacerla. Pero tampoco esa tienda existe más, ni existen las casas vecinas, ni los árboles, ni las rejas que solían delimitarlas. Más de una vez buscando mi casa pasé de largo. Que regresemos a la suya, entonces, a su vieja casa todavía en pie, le digo a mi padre, para desempolvarla, para parchar nosotros nuestro recuerdo. Le digo que de esa casa-de-provincia guardo apenas la imagen de una franja de tierra cultivada en el jardín trasero y de un gallinero de rejas oxidadas, al fondo, ya sin gallinas, el suelo regado todavía de plumas y maíz. Guardo el ruido de una llave de agua corriendo. Un patio interior de naranjos, también eso conservo. Y el suelo de azulejos de un largo corredor. Un piano negro que nunca oí tocar y que ahora yace silencioso en la sala de mi tía-la-segunda. Un paragüero junto al espejo de la entrada que no se sabe dónde fue a parar tras la muerte de mi tía-la-última. Me queda la puerta de madera sobre la línea de la vereda y un par de árboles espigados pero ralos levantando el asfalto. Y, más allá, una plaza de armas con su fuente de bronce y sus frondosos robles o tilos o quizás cedros libaneses traídos de otro tiempo. Tiendas rubricadas con letreros de apellidos palestinos escritos en alfabeto romano. Volver, le digo, a esas calles con ritmo de pueblo y a esa casa suya y de sus hermanas. Pero esa casa hace años dejó de ser nuestra, corrige mi padre de espaldas a mí, preparándose su eterno café negro pesado de borra. Se vendió lo que quedaba en esa casa cuando tu tata, dice, evitando el cierre de la frase. Se desarmó y se arrendó, la casa, y después vino el incendio. Se deshicieron también de la tienda de esquina donde mi abuelo vendía telas por metro sacadas de las empresas textiles de los Yarur y de los Hirmas, y ropa hecha (de camisas a calzoncillos a calcetines) y zapatos traídos de las fábricas de la calle Independencia. Casimires de Bellavista Tomé y rollos de seda, precisa mi padre y la cabeza se me llena de hilachas y de texturas, de colores. Pero no queda de eso ya más que imágenes arrugadas que no hay modo de planchar. El pesado metro de madera, la afilada tijera haciendo un boquete en el borde del tejido antes de que sus manos lo partieran de un tirón, los hilos desmayados sobre el mostrador, las ruidosas cifras sumadas en la máquina registradora de oscuro metal que iba añadiendo los precios de lanas, cintas y cordones o incluso de los colchones almacenados en el desván donde mi hermano-el-mayor y yo, la-del-medio, nos empujábamos mutuamente para desmayarnos sobre almohadas envueltas en bolsas de nailon transparente. Esa agonía de las cosas es lo que quiero salvar, o resucitar, pienso, pero antes de decírselo mi padre deja caer sobre esas vejeces moribundas algo que huele a fresco. No te había contado esto, dice, el café humeando en su mano. La pequeña ciudad-de-provincia acaba de rendir homenaje a sus antiguos comerciantes. Entre ellos está mi abuelo. Está su nombre en el letrero de una calle recién inaugurada. Letras de molde que ningún Meruane ha ido a mirar, no todavía. No hubo ceremonia ni corte de cinta. No hay fotos que registren ese hecho. Mi padre no está muy seguro de dónde quedó estampado su apellido, que es también el mío, el nuestro. Y acaso porque pido explicaciones y detalles y levanto las cejas o las junto sorprendida, él por fin acepta conducirme hacia el pasado por una sinuosa carretera inclinada hacia el noreste. Vayamos, dice, terminándose de golpe su café. Vayamos, como si de pronto la idea lo entusiasmara y necesitara remarcarlo subiendo su voz que siempre es baja. Empecemos a volver, si podemos, pienso yo, y anoto esta frase o esta duda en un pedacito de papel.

los andes, de fondo

La cordillera nevada al fondo del camino. Las varas de recortados parronales moviéndose en dirección contraria, recordándome la hipnosis que ese paisaje de rápidos palitroques solía provocar en mí. Abro la ventana para llenarme de un aire silvestre que me irrita los pulmones. Respirar el campo, ahora, es una forma de intoxicación. Otra forma es este retroceso. La incursión en un tiempo que ya no existe. La excursión del presente. Nuestra travesía carece del dramatismo que el viaje a este valle tuvo para los primeros inmigrantes. Pienso en la historia de esos periplos prometedores pero sobre todo penosos que, a diferencia de la inmigración europea, no fue apoyada por ningún gobierno ni recibió subsidio alguno. Los barcos zarpaban desde Jaffa y descansaban en algún puerto del Mediterráneo (Alejandría, Génova, Marsella) antes de continuar a América con sus sótanos de tercera llenos de árabes, de ratones, de cucarachas hambrientas. Esos árabes errantes eran cristianos ortodoxos despreciados por los turcos. Eran considerados emisarios de Occidente, avanzada europea, protegidos de naciones adversas. Dejaban, los árabes, sus tierras, portando un pasaporte paradójicamente otomano que les permitiría huir de ese imperio, de su servicio militar en tiempos de guerras donde serían carne de cañón. Los que pudieron escaparon de la sentencia de muerte cargando un contrasentido: llevar para siempre el apodo de turcos. El nombre enemigo impreso como una maldición eterna sobre el borroso mapa de aquella inmigración. Los árabes se fueron arrastrando los unos a los otros, a las Américas y a Chile, en asombrosas cantidades; fundaron en cada punto del valle entre las cordilleras la leyenda de que la nueva tierra tenía un alma siria o libanesa o palestina que les permitiría imitar la vida tal y como era, como ya no sería nunca. Se convencieron de que esa era la única opción. Entre huertos de damascos y aceitunas y luego de paltas y berenjenas y zapallitos llamados italianos, y de tomates dulces a punto de estallar. En tardes protegidas por parrones cuyas hojas debían cosecharse a partir de septiembre y antes de que el otoño las volviera papel. Bajo el mismo sol macerante los ya numerosos palestinos se fueron multiplicando hasta duplicar a los otros árabes que habían embarcado con ellos en los mismos barcos, detenido con ellos en Río de Janeiro, compartido las lunas despuntando sobre el mar hasta el desembarco en Buenos Aires, cruzado juntos la cordillera a lomo de mulas guiadas por arrieros o, más tarde, en los vagones de un ferrocarril transandino que ha sido casi completamente desmantelado.

flechazo ferroviario

Se silenció esa bocina ronca y se difuminaron las espesas
bocanadas de humo negro del tren pero no se ha arrui-
nado la historia del flechazo ferroviario de mis abuelos.
Mis tías se han encargado de relatarla tal como se la
oyeron a su madre, y como la han escuchado las unas de
las otras a lo largo de los años. Esa historia puede narrar-
la incluso mi madre, que la prefiere a las de la propia
parentela italiana que no se distinguió nunca por sus
amores triunfales. La cuentan mi madre y mis tías y a
veces hasta mi padre, con variaciones: que venían ambos de Beit Jala donde nunca se conocieron, que tenían
una misma religión e incluso un apellido en común (mi
abuelo era primo de su futura suegra, ella llevaba un
Meruane arrumbado en su linaje), que mi abuelo había
sido compañero de curso de su futuro cuñado pero que
nada de esto fue suficiente para ser admitido en el clan.
A mi abuela Milade, o María, querían casarla con alguien aún más cercano. La norma tribal (es la palabra
escogida por mi padre) daba preferencia a alguno de los
tantos Sabaj avecindados en Chile. Y mi abuela tenía de
pretendiente a uno que, sin ser rico, poseía el don de
tener algunas tierras. Poco antes de conocer a mi abuelo, María se deshizo de ese Sabaj. Esta parte de la historia le encanta a mi tía soltera, mi tía-la-primogénita,
que tal vez en este punto se identifique con su madre:
Milade o María tuvo a bien decirle a ese Sabaj que él
era muy viejo para ella y además feo, tan feo que le
asustaba verlo de día. Imagínese cómo sería si me lo

encontrara de noche, le dijo. Ahí se terminó la proposición matrimonial. Mi abuela continuaba soltera a la entonces preocupante edad de veinticinco años. Se le estaba yendo el tren, decían o susurraban los demás. Pero ella se subió al vagón a último minuto y por propia convicción, insisten sus hijos y mi madre. Fue en un andén, precisamente, donde se vieron la primera vez. En la desaparecida estación de Llay-Llay. Haciendo transbordo ella, camino a Santiago, acompañando a su hermano en busca de regalos para las mujeres de la familia en la que él estaba por ingresar por matrimonio. Fue su hermano quien avizoró a mi abuelo bajando del tren para hacer también transbordo, aunque Issa o Jesús o Salvador iba en dirección contraria: hacia el sur. Quizás mi abuelo tuviera la misma edad, o quizás ella lo aventajara un año o dos, o solo un mes, esto nunca pudo aclararse. Pero él diría, para complicar un poco más las cosas, y para molestarla, que vio a mi abuela sola en la estación, mi abuela con su largo pelo crespo y trenzado sujetando un canasto de mimbre, ofreciendo sánguches tibios junto a la tropa de vendedores que acosaban a los viajeros. Decía, mi abuelo, que la María le había coqueteado haciéndole un precio por el pan con jamón o mortadela, que era así como había empezado todo. Y mi padre, como antes el suyo, se ríe mientras lo cuenta. Se ríe solo y a carcajadas de la maldad que enojaba a su madre. Acaso a ella le preocupara que alguien pudiera creer esa versión del encuentro. Qué más daría si fuera cierto, pienso yo, y ella no fuera más que una vendedora ambulante como muchos de los árabes de entonces.

Reparo en ese instante en el silencio que se impone entre nosotros. Mi padre parece haberse cansado de repetir la historia que ya conocemos o tal vez no tiene más que agregar mientras maneja. O es que quizás una señal en la carretera lo distrae. Se queda mudo con mi madre al lado, abstraída o adormilada ella, sus pies desnudos apoyados sobre el tablero del auto. Mis hermanos van a mi lado, cada uno mirando por la ventana. Vamos como solemos cuando estamos juntos, como antes, en alguno de nuestros paseos. Distraídos en las sucesivas curvas del camino con la cabeza en cualquier otro lugar.

lenguas en bifurcación

Avanzamos en silencio o en castellano aunque hay más lenguas dormidas en nuestra genealogía. Los inmigrantes árabes adquirieron el castellano a medida que perdían el idioma materno pero lo siguieron hablando entre ellos como si se tratara de un código secreto vedado a sus hijos: se comerían la lengua antes que legarles a ellos el estigma de una ciudadanía de segunda. Había una sombra pegada a ese acento tan evidente como el vestuario ajado de la pobreza. De ambos hubo que deshacerse y no fue difícil. No les costó tanto la ropa nueva porque era del estilo de la que traían. No les costó tampoco sumar el castellano a sus lenguas porosas: sus antepasados habían habitado el español durante siglos en la península ibérica, lo habían arabizado, le habían conquistado el alma con el silencioso paréntesis de la hache intercalada y de los alharacos prefijos árabes. Hablarlo ahora era otra manera del regreso. Mi abuela, dice mi padre, lo había aprendido de niña, a la llegada; mi abuelo, en cambio, lo adquirió con once o doce o tal vez catorce años. Explica mi padre, aprovechando este recodo, que la incertidumbre sobre la edad de Salvador se debía a la pérdida del acta de nacimiento cuando se quemó la iglesia palestina. (Otro incendio, anoto yo. Otra pérdida, la de los documentos que verifican su origen.) Pero su madre y los hermanos tenían que haber sabido la fecha, argumento yo, levantando mi lápiz del papel, levantando también los ojos hacia mi padre. Él tuerce los labios y recurre a mi tía-la-segunda, que tampoco puede explicar este enigma y en vez de intentarlo dice que los niños eran bautizados con retraso, que la fecha era adulterada para postergar o evadir el servicio militar turco. Luego me entero de que tampoco es claro si Issa se vino con su madre viuda, una mujer llamada Esther (que tenía unos ojos muy azules que nadie nunca heredó), o si ella ya estaba en Chile con los hermanos mayores y entonces él llegó más tarde con unos tíos. Las versiones son contradictorias. Mi padre dice también, sin certeza, que mi abuelo se fue a trabajar al sur, en el molino de sus hermanos mayores, mientras aprendía su tercera lengua. El alemán lo había estudiado en un colegio de padres protestantes en una de las tantas escuelas de comunidades religiosas europeas que funcionaban en Palestina en esa época. Hay escenas dando vueltas: mi abuelo chapurreando alemán con algún cliente de la tienda La Florida, mi abuelo haciendo de escriba y de voluntario lector para paisanos iletrados que recibían cartas familiares desde Levante. Dice, mi padre: Lo estoy viendo, era un viejito de la colonia, bajo, de tez muy blanca, de pelo rubio y ojos claros, que no sabía ni leer ni escribir. Cuando le llegaban cartas de su familia iba donde mi papá para que se las leyera y contestara, y yo, que a veces lo acompañaba en la tienda, me quedaba maravillado viéndolo rasguear la página de derecha a izquierda. No fue entonces ninguna tragedia doblar los alfabetos, invertir la dirección de la escritura, permutar la sintaxis, modular la entonación hasta perfeccionar el acento chileno: el cartel de esa bifurcación lingüística anunciaba progreso y los palestinos tomaron ese camino. Abandonaron la venta ambulante, como abandonó mi abuelo los recorridos sureños en representación de una distribuidora de géneros de un tal Manzur. Mi padre insiste, riguroso con unos datos que no hacen falta, que ni siquiera me importan pero que a él parecen señalarle un lugar social: mi abuelo no fue vendedor ambulante sino representante. Es para sostener ese lugar inestable que fue necesario para mi abuelo abandonar el molino y el almacén que tuvo en sociedad con sus hermanos mayores en Toltén, ciudad que desaparecería arrasada por un maremoto veinte años más tarde. (Otra desaparición, anoto, dentro de una saga de pérdidas.) Fue imperioso instalarse en la zona central para darle mejor educación a las tres hijas de entonces y a los siguientes dos. Porque la gran consigna de mi abuela, más ilustrada o al menos más lectora, era que el progreso exigía educación. Fue ella quien insistió en mandar a mis tías a la universidad, darles la oportunidad que ella no tuvo siendo alumna de un liceo técnico del que no llegó a graduarse. Fue ella quien se opuso a que mi padre heredara la tienda a los dieciséis años, cuando mi abuelo, agobiado por sucesivos emprendimientos, pensó pasarle la administración de La Florida a su único hijo. Terció, también ella, para que sus hijas pudieran casarse fuera de la colonia. Que se compenetraran, sí, pero que mantuvieran el apellido como señal invencible de pertenencia.

a puerta cerrada

Está cerrada con una llave que ya no nos pertenece. Mi hermano-el-menor se asoma por la cerradura y no distingue nada. Está oscuro…, dice. Como una tumba, completo yo, recordando a mi abuelo en la suya. Su párpado izquierdo entrecerrado. Sus manos enlazadas para no hundirse más en los bolsillos y repartirnos almendras. Una muerte sobria, tan opuesta a la de su primo Chucre, que antes de morir pidió que tocaran música durante el velorio, que se bailara alrededor de su cuerpo difunto, que se ofreciera una gran cena para quien quisiera venir a despedirlo. (No sé si recuerdo o me he imaginado que los hijos estaban divididos: unos ponían el casete árabe, otros, entristecidos y quizás avergonzados, apagaban la radio y lo dejaban sumido en el silencio sepulcral.) La sala de esos velorios se confunde ahora con tantos otros funerales familiares. No veo nada, insiste la voz de mi hermano-el-menor empinado en la mirilla. Y quizás no haya nada que ver, porque al incendio de la casa familiar se sumó después un terremoto y fue declarada inhabitable. Les dije que no tenía sentido regresar, murmura mi padre. Y se aleja dando largos trancos por la calle dejándonos pronto atrás. Ahí queda la puerta de madera clavada a la vereda aguantando hasta el próximo remezón mientras nosotros lo seguimos, calle abajo, los ojos fijos en el pavimento como si entre las líneas de los pastelones estuvieran las piezas de techos altos, como si entre las rayas pudiéramos encontrar la cocina del fondo, sus profundas ollas de aluminio, el refrigerador floreado que mi madre se llevó para la casa de la playa que ya tampoco nos pertenece. Qué se hizo de lo demás, de las sábanas que colgaban de una cuerda en el jardín, del minúsculo elefante de marfil que mis tías aseguran me inventé porque ellas no lo recuerdan. Las cosas palestinas desaparecieron misteriosamente mientras yo mataba el tiempo en otras cosas, me digo, avanzando con los demás detrás de mi padre pero sin saber adónde. Se detiene, él, de repente, y señala su primera escuela: de monjas dice que era y quizás todavía lo sea. ¿Una escuela de niñas? Sí, dice y por primera vez me parece que sonríe. Estaba tan cerca que podía ir solo pero iba con alguna de sus hermanas: la hermana-tercera que fue la primera en morir, o la hermana-cuarta que tampoco vive ya. Habría escuelas árabes en esta ciudad palestina, le digo, pero o no me oye o no lo sabe o no me quiere contestar. Con retraso, como despertando de repente, me dice que no. Eran todas escuelas chilenas en las que no se enseñaba más que la lengua oficial. Mi padre deja el pasado atrás y aclara, puntilloso, su posterior recorrido escolar: la secundaria la hizo como interno en el Instituto Nacional Barros Arana. Pasaba algunos fines de semana en la casa de su tío Constantino, que vivía en la calle Juan Sabaj. Descubro sorprendida que hay en Santiago otra calle con apellido familiar. Que esa calle nombra a mi bisabuelo. Que fue abierta, la calle, por los tíos de mi padre cuando decidieron dividir la quinta ñuñoína y construir casas para vivir de las rentas. Ese negocio no les resultó, explica mi padre, que viviría en una de esas casas rodeado de la familia. Me pregunto por qué habiendo crecido entre palestinos nunca fueron asiduos a la colonia, mi padre y sus hermanas. Por qué nunca pertenecieron al Estadio Palestino que nos quedaba tan cerca de la casa. Había que desembolsar un buen billete, que yo no tenía, responde mi padre cuando por fin me animo a preguntarle. Se juntaban allí los paisas más pudientes y nosotros nunca habíamos tenido una relación muy profunda con la colonia más allá de la familia. Se iluminan algunas cosas. Las angustias del ahorro. La antipatía por el derroche. Un aprecio por cierta austeridad y el desapego de las cosas. La sutil distancia de la que nunca se hablaba pero que vivía entre nosotros como un pájaro, me digo, aunque luego pienso que es extraña la imagen alada que acaba de cruzarse por mi cabeza. Pájaro por qué, me digo, acaso porque todo ha sido tan volátil. No estoy segura y decido dejar esa idea en el aire mientras tomo asiento, mientras leo la carta, mientras muerdo una hoja de parra rellena aunque poco suculenta del restorán árabe de la provincia chilena adonde hemos venido a almorzar.

guía social árabe

Mi hermano-el-mayor encontrará, y me mandará en el adjunto de un correo, un registro compilado desde 1938 e impreso en 1941. La *Guía Social de la Colonia Árabe en Chile (Siria-Palestina-Libanesa)*. Inserto Meruane en el buscador pero el documento está sellado y el apellido rebota; emprendo la revisión de las 381 páginas hasta que en la 171 aparece mi abuelo. «Meruane, Salvador. Nacido en Bet Jala (Palestina) —Bet, pienso, no Beit—, de 36 años de edad —nacido en 1905 o tal vez en 1902, me digo, dependiendo del año en que se tomaron sus datos—. Llegó a Chile en 1920 —entonces, me digo, tendría entre 15 y 18 años—. Casado con María de Neruane —me detengo en la errata, y vuelvo a leer, para cerciorarme de que no he leído mal el Meruane ni la omisión del apellido de mi abuela— María de Neruane (palestina). Comerciante. Tienda y paquetería "La Florida". Calle Mercedes 84. Teléfono 215.»

un letrerito desvencijado

Mi padre conduce por unas calles desconocidas y mi hermano-el-menor astutamente saca su teléfono, conecta el localizador y empieza a dar instrucciones. Instrucciones que mi padre no sigue o a las que no presta atención, convencido de que llegaremos si doblamos la esquina. Damos más vueltas. Se trata de un barrio desmejorado en las afueras de la pequeña ciudad-de-provincia en la que hace sesenta años mi padre no vive. Más y más vueltas por calles minadas por raíces, sorteando el calor y la esquiva sombra de árboles casi ralos. Mi hermano insiste en dar indicaciones, el localizador enloquece y nos desorienta hasta que de pronto mi padre detiene el auto. Solo el aire acondicionado queda encendido. Afuera el sol hace arder el pavimento. Bájense, ordena mi padre, pero nosotros no abrimos la puerta, nos asomamos por la ventana antes de poner un pie en territorio desconocido. ¿Es esto todavía la ciudad-de-provincia? ¿Es esta la calle que lleva nuestro apellido? Vemos los ojos oscuros de mi padre por el espejo retrovisor y oímos que repite la orden. ¿Qué están esperando? Porque ahí está el letrero negro bordeado de blanco. Las letras anuncian, también blancas pero gastadas, no una calle sino apenas un pasaje: la palabra justa para nuestro abuelo nómade. Vistas así, mayúsculas, las letras SALVADOR MERUANE sobre una endeble plancha de metal, así, tan deslavadas, como si el pintor hubiera olvidado darle la segunda mano y recubrirla con una capa de barniz protector, tan desprovistas las letras y las rejas y las casas alrededor, pienso que Issa quedó oculto tras SALVADOR y que ese MERUANE desvencijado ha tenido menos fortuna que el SABAJ del letrerito santiaguino. Miramos ese oxidado apellido un par de minutos hasta que se nos gastan las sonrisas del instante ante la cámara. Mi abuelo o sus nombres o su apellido quedan precariamente afirmados a la entrada de eso que nos parece una población desierta. Nosotros nos llevamos las fotos en la máquina mientras el auto arranca otra vez dejando el cartelito cubierto de polvo.

II. El llamado palestino

dirección: palestina

No es regresar pero la idea del viaje aparece con ese verbo a cuestas. Ese verbo y todos sus sinónimos' y una sucesión de eventos fortuitos me empujan en dirección palestina. Ocurre así la aparición del primer emisario: me subo a uno de los cientos de taxis llamados gitanos que circulan por mi barrio neoyorquino. Tomándolo por dominicano o ecuatoriano o incluso por mexicano de Puebla me dirijo al chofer en español para pedirle que me lleve al aeropuerto. Pero escucho en su respiración un leve acento que tampoco es gringo. Afino el oído, detecto entre sílabas una inflexión árabe. Antes de preguntar y acaso equivocarme me fijo en la tarjeta de identificación adosada al respaldo de su asiento: tiene un nombre inequívoco, un nombre unido para siempre a la resistencia y a la autoridad palestina. Jaser. Árabe de dónde, le pregunto, y en el retrovisor reconozco los ojos de mi abuelo. Es un palestino de un pueblo al norte de Jerusalén que no identifico. Cerca de Ramallah, explica. Un pueblo del West Bank, aclara en inglés por si ese nombre me suena más que Cisjordania. No debe estar tan lejos de Beit Jala, digo yo, y él asegura que no está nada lejos en distancia, aunque en tiempo, depende, y deja la frase en suspenso. Y entonces le digo que de ahí proviene una parte de mí. Le pregunto si conoce mi apellido pero él nunca lo ha oído nombrar. Le menciono otros apellidos de la colonia y a continuación le cuento que en Chile vive la mayor comunidad palestina fuera del mundo árabe. Que los primeros palestinos emigraron desde cuatro ciudades cristianas de Cisjordania. Que a Chile siguen llegando los suyos. Que los últimos venían escapando de Irak. Ahora son todos musulmanes, como usted. Son todos refugiados que mi país acoge y que quizás con el tiempo se vuelvan chilenos comunes y corrientes. Como yo. Veo desde atrás su cabeza asintiendo a todo lo que digo, pero cuando llego a la última línea Jaser se da vuelta y me corrige. Usted es una palestina, usted es una exiliada. ¿Usted no conoce su tierra?, dice sin pausa y con sorpresa pero sin recriminación. Debería ir allá, usted, dice activando mi palestinidad con el ritmo de su habla. ¿Para dónde viaja ahora?, y sin hacer la coma, dejándose de formalidades, me lanza un ¡oye! dominicano, ¿España?, desde Madrid los territorios no están tan lejos. Unas cinco horas en avión. Debería ir, insiste, volviendo velozmente a lo formal, le va a encantar su tierra, y empieza la campaña del porqué del regreso. Volver a Palestina, me digo, mientras habla, asaltada por la certeza de que nunca se me había ocurrido ese destino. Lo pienso un momento más al tiempo que me meto en el bolsillo la tarjeta de Jaser. Pero al llegar al aeropuerto descarto la idea, y la tarjeta. Archivo ambas como una extraña casualidad.

correos de jaffa

No me olvido de Palestina, sin embargo. Aunque estoy atareada durante los días de Madrid, las palabras de Jaser insisten en colarse entre mis proyectos. Incluir Palestina en la colección que dirijo sobre lugares en una pequeña editorial independiente. Encargarle a algún escritor avecindado en la zona una crónica como manera de resolver la deuda que de pronto se me impone. Surge el nombre de un conocido-en-Jaffa, rescato su dirección electrónica, escribo de inmediato para extender la invitación. Entra, de vuelta, en un rebote instantáneo, otro correo. El escritor acepta la propuesta explicando que hace tiempo tiene aparcados los territorios. Y desde que dejó de trabajar sobre la región, leo en mi pantalla, su forma de ver el conflicto ha cambiado. «Y mi forma de narrar, también.» Dice haberse vuelto «más consciente de los aspectos sutiles, y esas sutilezas me parecen ahora fundamentales». Quizás un diario de su vida en Jaffa, sugiere, y me lo imagino negociando consigo mismo el formato y el registro que ese nuevo texto debiera tener, lo imagino entregándose compulsivamente a abandonar su largo silencio. A continuación me lanza un inconveniente al que yo todavía no había llegado: la necesidad de encontrar pronto quien escriba la contraparte del libro en esa colección de libros armados siempre a cuatro manos: dos de narrador, dos de narradora. «No conozco a ninguna mujer que escriba en castellano sobre esta zona», apunta él al cierre del correo. Cuando termino de leer ese mensaje advierto que hay otro suyo a la espera de ser leído. «¿Conoces la tierra de tus ancestros?», pregunta, recordándome la frase de Jaser. «¿No te animas a ser la pareja palestina del libro?» Aparece a continuación un tercer mensaje en el que el escritor dice, apresuradamente, suponiendo que todavía estoy leyendo su mensaje anterior, que él comprende que se trata de un viaje caro pero me ofrece el hospedaje: «Tienes un sofá a tu disposición y dos adorables criaturas que invariablemente te despertarán a las seis de la mañana. Si de verdad te animas nos inventamos una metodología bizarra para escribir el libro. Ya me dirás cuándo quieres venir.» Ir o no ir, esa será mi pregunta. Ir y escribir, o no ir y nunca dejar mi Palestina por escrito.

otra vez ramallah

Regreso a Nueva York de ese breve viaje europeo y preparo las maletas para partir a Chile. Pido otra vez un taxi y al subir al auto veo aparecer al mismo viejo genio de la lámpara anterior. El genio de mi mala conciencia o de mi deseo, me digo, repentinamente habitada por manidas imágenes orientalistas. Lo cierto es que hay cientos de taxistas latinos que circulan por el norte de Manhattan y es Jaser quien en el instante de mi llamada circula más cerca, él quien llega, por eso, a recogerme. ¿Y para dónde va ahora?, me dice levantando mi maleta y los labios en una sonrisa. ¿Ahora sí Palestina? Algo así, le contesto, pensando que Chile es mi único Levante.

De mi familia, en Beit Jala, no quedan más que un par de mujeres que llevan en algún lugar el Meruane. Los demás portadores del apellido viven desperdigados por nuestra loca geografía. Quizás en Chile usted también tenga a alguien, le digo, abriendo la ventana, pero Jaser no tiene a nadie allá. Su familia se aferra a lo poco que le va quedando porque eso es lo que hay que hacer ahora, dice. Aferrarse a lo que queda de Palestina para evitar que desaparezca. Que no la hagan desaparecer porque dejamos las puertas abiertas. Este es el momento de quedarse, es el momento de volver. Pero usted está aquí, igual que yo, observo. ¡Alguien tiene que mandarles el dinero!, responde en su castellano dominicano lleno de arabescos. Veo sus grandes ojos en el retrovisor, su cabeza que gira cuando el auto se detiene en la luz roja, su mano extendiéndome unas galletas de almendra que su mujer le prepara para su largo día de autopistas. Y entonces, dice, tragando con dificultad la masa dulce, ¿cuándo va para nuestra tierra? En marzo, le digo por decir cualquier cosa, y aunque no tengo plata para ese viaje empiezo a imaginar que lo que digo es cierto.

santiago-jaffa: 23 de enero

Estoy en Chile, planteándole a mi padre visitar acaso por última vez su ciudad-de-provincia, haciendo preguntas, tomando notas, investigando en línea, leyendo la historia de la inmigración, activando mi memoria y zurciendo anécdotas. En Chile estoy, calculando que las cuentas del viaje palestino no me cuadran. En esa matemática me encuentro cuando entra un nuevo mensaje del novelista-en-Jaffa anunciando que cambió de idea. «Me duele tener que escribirte este mensaje. Desafortunadamente no podré escribir el texto. En los últimos meses a dos ciudadanos israelíes se les ha impedido el acceso cuando regresaban de viajes de turismo (un eufemismo para decir que fueron deportados). ~~Los dos eran judíos por línea materna, es decir, judíos en toda regla, y los dos habían hecho aliyá, el proceso por el cual un judío pide ser miembro del Estado de Israel.~~ Los argumentos contra ambos fueron "actividades contrarias al Estado" y en el caso de uno de ellos "traición". Lo único que habían hecho era asistir a manifestaciones de izquierda y colaborar con ONGs que ayudan a la población palestina. Yo conocía a uno de ellos. Mi situación en Israel es mucho más vulnerable. He participado en muchas manifestaciones contra las guerras de los últimos años (aparezco en varias fotos ~~haciéndole pistola~~ a las cámaras de la policía), pero además de eso durante años ~~escribí denunciando lo que me parecía nefasto de las políticas israelíes y de la política interna palestina (el espacio fue cerrado por presión de la oficina de prensa de la embajada israelí).~~ Para terminar el cuadro de vulnerabilidad, puedo vivir aquí por ~~los ancestros judíos de mi padre,~~ que me permitieron acceder a ~~una tarjeta de residente~~, pero en realidad vivo aquí porque estoy casado con una palestina musulmana, lo que equivale a estar ~~en los radares de las agencias de seguridad~~ (suena a novela de espionaje pero tristemente es la realidad en esta región, en la que, entre otras, las líneas de teléfono de los ciudadanos "árabes-israelíes" están en casi todos los casos intervenidas). Escribir un texto sobre Palestina inevitablemente toca temas polémicos. La definición misma del territorio, como ya comentamos en un mensaje, es problemática. Solo elegir nombrar ciudades con ciertos nombres y no otros equivale en esta región a una declaración de guerra, y aunque decidiera no incluirlas en el texto y hablar solo de Cisjordania y Gaza, no podría hacerlo sin hablar de muros de encierro, colonos y la autoridad del Ejército israelí. A pesar de eso me planteé correr los riesgos y escribir el texto; alcancé a armar una estructura con unas páginas de prueba y a ofrecerle la idea a ▓▓▓▓▓▓▓ ▓▓▓▓▓▓▓▓▓▓▓▓, pero creo que sería una irresponsabilidad de mi parte. El riesgo de quedar separado de mi familia es demasiado grande y no estoy dispuesto a correrlo. Anoche cenaron en mi casa dos amigos israelíes involucrados en temas de derechos humanos y los dos me recomendaron abstenerme. Nunca había tenido que callarme por la censura, pero creo que no tengo más remedio. Te mando un abrazo muy grande y te pido disculpas por el tiempo perdido. Y por supuesto eres bienvenida en mi casa, ojalá vengas a conocer la tierra de tus ancestros, vale mucho la pena a pesar de todo lo dicho.»

jaffa-santiago: 24 de enero

El escritor-en-Jaffa opina que no es del todo una idea descabellada trabajar la tachadura, el borrón en negro, el anonimato en vez de la firma, pero también cree que «las palabras tachadas hacen explícita la imposibilidad de escribir libremente sobre Israel, y eso aumenta la posibilidad de que la causa ultrasionista quiera tener controlado al autor y consiga que se le castigue si es descubierto». Le lanza a continuación otro pero a mi propuesta, y no es un pero menor: «Lo que más me interesaba de esto era hacer una evaluación de lo que ha sido mi vida aquí. Hablar de mis orígenes y hablar de mi familia adoptiva a la que quiero entrañablemente. Empezar por ahí, por mi vida real y mi identidad en este lugar. Es una lástima no poder hacerlo, pero no hay remedio.» Escribe, y yo lo leo como si lo oyera tratando de convencerse a sí mismo de esta decisión, que «para un ~~latinoamericano~~, crecido en ~~la época de violencia que sufrió su país~~ y en una familia como la mía, el riesgo es una cosa terrible pero también atrayente. De alguna manera vivir sin riesgo no es vivir. Fui yo el que insistió en escribir el texto y el que todavía quiere hacerlo (espero poder dentro de unos años, cuando ese riesgo deje de existir o cuando ya no me importe). Sé que lo escribiré tarde o temprano y que el tiempo le dará más fuerza a esas palabras».

jaffa-nueva york: 29 de enero

A la vuelta de Chile y a la vuelta de otro mensaje mío escrito bajo el pulso de la indecisión, recibo otro mensaje del escritor-en-Jaffa intentando persuadirme de que no me pierda nada de la compleja realidad en la que viven los palestinos. «Ya lo verás tú misma», anota y agrega: «no hay ejército ni sistema de vigilancia que pueda controlar las otras pulsiones humanas, que son muchas, y así como aquí hay muchos que sufren, ellos y los demás viven con toda la intensidad que les es posible (y hay música y hay comida y hay sexo, hay matrimonios e hijos y divorcios y todo lo demás).Vivimos muy bien, quiero decir. No es la misma intensidad embriagante de ~~mi país~~, en la que la vida es a veces demasiado abundante (tanto como la muerte), pero aquí, especialmente los palestinos, saben vivir y ser felices también. Lo que me impide escribir es que en los últimos años cualquier discurso intermedio entre las locuras de Hamás y las locuras de la ultraderecha israelí tiene cada vez menos espacio (el que defienda un discurso intermedio inevitablemente es clasificado en uno de los dos polos extremos y atacado por el otro). Afortunadamente la realidad es mucho más rica y compleja que esos discursos y la gente sigue estando viva y sigue siendo impredecible e incontrolable.Ya me puse solemne y sentencioso, qué pereza. Lo mejor es que vengas y lo veas. Aquí te esperamos si te decides a venir».

despertar diez años antes

Empiezan a regresar viejos llamados palestinos. El timbre del teléfono me alcanza en la puerta de mi casa que no era mía sino arrendada, y tampoco toda: la beca no daba para más que la pieza en un barrio a medias irlandés, a medias ruso, a medias libanés, del sur de Brooklyn. Vi que pasaban las nueve por el reloj de la pared cuando llegué de vuelta a la cocina y descolgué el auricular. Era el novio afroamericano de mi compañera de casa. No salgas, dijo, alarmado. Y me bombardeó con las noticias de un ataque. Dos aviones. Dos torres decapitadas que nadie ha podido olvidar. Tenía el tiempo contado para llegar a dar mi primera clase. Y a lo mejor era su acento o mi dificultad con el inglés por la mañana, entonces. Me lo tuvo que repetir. Están cerrando el metro, ya están clausuradas las estaciones de tren y el aeropuerto. Prende el televisor si no me crees, y despierta a Niki, pónmela al teléfono. *Please*. Había gritos en la pantalla: las presentadoras habían olvidado la compostura e invocaban a Dios como si lo maldijeran. *Oh my God*, clamaban viendo gente lanzándose al vacío. Tomados de las manos, unos, otros en vuelo solitario. Esas imágenes pronto dejaron de salir al aire y la pantalla se llenó de otros despachos: declaraciones oficiales, filmaciones en video, zapatos tirados entre los escombros mientras yo revolvía un café frío dejado hacía días sobre la mesa por Niki. Juntas vimos la primera torre haciéndose polvo: se desplomaba la seguridad y emergía, desde la nube oscura, la paranoia absoluta. A esa hora todavía no había responsables declarados pero se empezaba a especular que «algún grupo terrorista árabe» se estaba tomando la venganza contra un país que siempre había apoyado la causa israelí. Empezaban a sucederse imágenes de niños-palestinos vitoreando el golpe en medio de una calle.

La imagen estaba recortada. No se sabía qué estaban mirando ni ante qué levantaban sus puños. La secuencia era breve pero se repetía intercalándose con la caída y la recaída de las torres. Los niños. Las torres. Y los mismos niños con sus mismos brazos en alto, sus rostros iluminados; detrás la voz en off refiriéndose a ellos como cómplices de la eterna intifada. Los niños y la caída seguidos de un Yasser Arafat al que le quedaban tres años de vida, lamentando la tragedia. «*I am shocked*», decía en un inglés consternado pero de inmediato regresaban las torres y los niños árabes para desmentirlo. Esos niños convertidos en precoces terroristas fueron los emisarios de entonces. Escribí sobre ellos, esa tarde, para un diario chileno, movida por la necesidad de poner los hechos por escrito. Revuelvo ahora los recortes fríos de esos años y leo de mi mano la escena televisiva y lo que experimenté a lo largo de ese día. «Pensé en mi propia genealogía palestina, en mi propio apellido metido en esta batalla, en la posibilidad de convertirme en sospechosa ante una comunidad de individuos que se unen en el momento de la calamidad para reclamar sus derechos y exigir garantías de seguridad contra ese supuesto adversario. Porque habrá que buscar a quienes planearon el ataque y el avión, y vengar a los miles de descuartizados y quemados bajo los escombros del imperio.» Me quedo un momento parpadeando ante el recorte. Tengo treinta años cuando lo firmo y me lo mando como un mensaje cifrado hacia el futuro. Soy, hace quince años, mi propia emisaria.

moneda al aire

Lanzo al aire una moneda mental: si alguna invitación me lleva a Europa yo me estiraré hacia el Oriente por mis propios medios. La moneda gira sobre sí misma mientras pienso en tantas restas. El regreso frustrado de mis abuelos. La negativa de mi padre. Mis indecisiones. El silencio del mundo mientras se les sigue restando tierra a los palestinos. Todos los juicios en los que se les ha negado la voz. Una historia llena de agujeros por donde se cuelan los regresos y se cortan los vínculos, la vida. Sumarle a esa resta, me digo. Volver a Palestina. Volverme. Echo al aire otra moneda y ahora suena a metal: en mi buzón aparece una carta de invitación que me llevará hasta Londres.

una historia tapizada de árboles

Hamza se presentó el primer día de clases como jordano pero al descubrir el origen de mi apellido corrige su relato: yo también soy palestino, un palestino nacido en el exilio. Sonríe complacido de haber encontrado en mí a alguien como él. ¿Y cómo es que no conoce Palestina si usted puede entrar?, pregunta, sorprendido, en un inglés tan exacto que suena impostado. Un inglés tomado de algún libro. Le digo que Palestina me ha mandado emisarios, señuelos, reclamos, y ahora una invitación que me dejará a medio camino. Hamza me mira intrigado, sin entender que él ahora es otro de esos enviados y que cada mención suya se volverá un punto en mi atlas. Una anotación en mi libreta. El motivo de una búsqueda. No deje de ir a Yalo, deja caer Hamza; a Yalo o Yalu, agrega. En las afueras de Ramla, la ciudad de la arena. (Anoto Ramallah; después, sobre un mapa, comprendo mi error.) Hamza me dice que la familia de su padre salió de Yalo el mismo año en que la guerra le impidió a mi abuelo volver a Beit Jala, el año en que Israel anexó ese territorio y cientos de palestinos fueron forzados a salir hacia Jordania. La familia de su madre se había exiliado veinte años antes, en la primera estampida, y nunca pudo retornar. Hamza lo dice con desapego británico aunque entre sílabas se estremece la espina del refugiado que mantiene esta condición como modo de reivindicación. Hijo y nieto de desplazados políticos, Hamza se entusiasma con mi regreso porque regresar es lo que se le ha negado a su familia desde que salió; incluso visitarles fue prohibido tras la primera intifada, a fines de los años ochenta. Él no había nacido todavía para el primer levantamiento pero ya carga con la herencia de un exilio; sueña, me dice, no puede evitarlo, con esa Palestina tan ajena y tan propia. Quiero preguntarle a qué Palestina se refiere, a qué trocito de esa tierra fracturada. ¿Qué hay ahí, en Yalo o Yalu?, le pregunto en vez, sin saber qué otra cosa preguntar. Nada, dice, no hay nada más que biografías truncas y muros de piedra rebanados a ras de suelo. Sobre lo que fue su casa y la de tantos vecinos hay ahora un parque nacional. Un parque, dice, es decir, una zona protegida bajo una premisa ecológica donde esos palestinos, aun si pudieran regresar, no podrían volver a construir. Un parque donde la historia quedó tapizada de árboles. Todavía se pueden encontrar ahí las huellas del desalojo, los cimientos de esas casas arrancadas de cuajo. Porque los olivos, dice Hamza, continúan creciendo donde quedaron, siguen cargando las ramas de aceitunas aunque no haya quien las coseche. Ese muchacho-casi-palestino se va y yo me voy también esa tarde a casa, a la pantalla en busca de ese cementerio urbano que alguien en el espacio virtual describe como «tierra de nadie». Alguien contesta que de nadie no es, que es tierra palestina usurpada violando la legislación internacional, y alguien más denuncia que el parque fue financiado por alguna adinerada comunidad sionista canadiense con el objetivo de borrar el pasado. Ir a Yalo a visitar la casa desaparecida de Hamza, pienso, y veo pasar incendios, terremotos, inundaciones y otros hechos de la naturaleza que han sido consigna de las pérdidas palestinas. Esta desaparición, sin embargo, ha sido construida. La obra de esa destrucción se queda dando vueltas en mi imaginación hasta que mi alumno regresa, otra tarde. Ahora trae un mensaje de su madre desde Jordania. Una sugerencia culinaria para cuando yo vaya. La recomendación tiene un nombre que nunca he oído y suena, entre los labios de Hamza, a *loos* o quizás *loss*, la palabra inglesa de la pérdida. Pero *loos* o *loss* en árabe significa almendra cruda cubierta de una piel verde aterciopelada y muy gruesa que se come sin pelar, con un poco de sal y quizás aceite de oliva. Es una almendra que mi padre, devoto, como su padre, de ese fruto seco, tampoco identifica cuando le pregunto. Ninguna de mis tías sabe. Anotaré esta palabra tal como suena en boca del muchacho-casi-palestino. La encontraré semanas más tarde en un mercado de Belén, sobre un carrito de metal, en medio de una callejuela. Compraré un paquete de esas almendras ásperas y se las traeré de regalo sin confesarle que me fue imposible tragar el grueso fruto de la pérdida recomendado por su madre.

minúsculo equipaje

Empacar para este viaje se transforma en un largo desprenderse de equipaje. Mantengo la maleta abierta durante días mientras deposito dentro todos mis recuerdos. Pero a medida que se acerca la fecha el contenido empieza a reducirse para dejar espacio a la imaginación de lo que viene. Escojo una maleta más pequeña pero me sigo alivianando hasta que solo queda lo indispensable, apenas algo de ropa, algún regalo, el breviario sobre el conflicto que una amiga me regaló tras la caída. Miro la fecha. Septiembre de 2002. Entran los libros que me encarga mi amigo-el-escritor. Entra, pero luego sale, un documental enviado por una alemana que no solo vivió en Beit Jala sino que fue maestra de la escuela Chile. Vuelvo a mirar ese documental casero y me pregunto si mi padre se habrá animado a ver la copia que le regalé. Recupero el correo de la alemana-amiga-de-una-amiga y le escribo para compartir con ella que voy. Ella no me contesta y yo entiendo que debo cerrar mi minúscula maleta.

who are you

Se acerca la fecha de Londres y empiezo a experimentar ataques de vértigo: caídas libres en la incertidumbre. Mi tía-la-mayor me manda a decir con mi padre que debo ir a visitar a esas tías lejanas y llevarles un regalo. Que compre unos chalecos de lana, o un pañuelo de seda, o una carterita que no pese en mi encogida maleta. Ella me pagará después. Guarda la boleta, insiste la concienzuda hija-de-inmigrantes que es mi tía-la-primogénita. Y que las llame cuanto antes manda también a decir. Mi padre dicta un número de teléfono y me pide, meticuloso, que se lo repita. Deletreo lentamente la cifra de esa llamada y un pensamiento me descoloca: en qué lengua vamos a entendernos. En castellano, por supuesto, dice mi padre, porque Maryam vivió unos años en el sur de Chile. Fue hace mucho, me asegura, pero algo todavía habla. Dejo el número sobre mi mesa un par de días o tres. Se va cumpliendo un plazo que no me deja alternativa. Me obligo a marcar y a preguntar por ella. Hola, digo, ¿Maryam? Maryam, oigo como eco del otro lado, y luego una larga frase en árabe que podría ser una pregunta o un cántico mortuorio. Hola, repito, *hello*, repito, *english?*, y trato de decir *marjaba* pero se me enreda la lengua. Repito: Maryam. Quien atiende debe ser la otra hermana, la que no estuvo nunca fuera de Beit Jala, la que no habla más que árabe pero que me lanza algunos trozos de un inglés algo tieso y me da a entender, o yo interpreto extrayendo el sentido de su fraseo, que Maryam fue a ver a un pariente enfermo y que volverá a alguna hora, o al día siguiente. Hay un silencio seguido de un lento *who are you*, y yo trato de explicarle quién creo ser. Hay entonces un momento de agitación en la línea, la convulsión de una lengua que intenta traducir lo que le digo y que bajo presión por contestar algo empieza a gritar la única palabra que tiene a mano. ¡Aaaaaa! *family!*, dice, entre grandes aspavientos, *family!*, *family!*, y yo, sin saber qué más decir, le contesto *yes*, *yes*, y empiezo a reírme porque hay estruendo y hay exageración y hay confusión en esa palabra, y hay también un vacío enorme de años y de mar y de posible pobreza, pero a cada *family* que ella grita más me río yo, diciendo *yes*, *family*, *yes*, como si hubiera olvidado todas las demás palabras. Y en ese tiroteo telefónico no sé si llego a decirle o si ella habrá entendido que estoy por viajar, o volver, que mi deseo es ir a visitarlas.

III. Palestina en pedazos

una verdad revolucionaria

La ciudad de Londres no es más que un túnel entre terminales. No me quedo ni un minuto más del debido: no me asomo a sus palacios, no me pierdo bajo sus nubes bajas, no me tiendo en sus parques: arrastro con impaciencia mi maleta hasta Heathrow. Después de darme un par de vueltas descubro la zona apartada que se le reserva en cada aeropuerto del mundo a la línea aérea El Al. Pronto detecto a los agentes de la seguridad israelí: son idénticos a los tiras de la dictadura chilena. Los mismos anteojos oscuros de marco metálico, el mismo corte de pelo militar, el mismo modo tirante. El rostro seco. Ante todo, pienso, mientras me acerco: no perder nunca la calma y decir siempre la verdad. Porque la verdad es revolucionaria, decía Lenin, aunque yo oigo esta proclama en la voz empecinada de Diamela Eltit: otra escritora chilena descendiente de Beit Jala. Desacelerando el paso recuerdo que ella lanza esta frase cuando aparece alguna verdad difícil pero necesaria. Se inician las preguntas y la verdad empieza a causarle estremecimientos al agente. Es un tira de pelo muy negro que nunca aprendió a sonreír, que seguro desentona en la carcajada, y al que alguien le enseñó que si una mujer no viaja acompañada es porque algo se trae entre manos. Ese es su primer disparo: por qué viajo sola. (Hay una respuesta larga y otra muy corta, pero no me decido por ninguna a tiempo y resumo levantando levemente los hombros.) A qué voy a Tel Aviv. (Turismo, digo, pero esta obviedad no lo convence.) De dónde vengo. (Entorna los ojos sobre la patética fotografía de mi pasaporte y murmura Chile, pensando, lo leo en las arrugas de su frente, ese país de palestinos.) Cuánto tiempo he tenido mi trabajo en la universidad. (Un año, redondeo.) Menos de un año, corrige después de mí, muy lentamente, como si contara por dentro cada uno de los meses. Pero usted ha vivido cuánto tiempo en los Estados Unidos. Y es cierto, ya son muchos años, pero también es verdad que recién conseguí permiso para trabajar y que aunque no viva en Chile nunca he pensado nacionalizarme. Esa verdad se vuelve aún más rugosa cuando aparece entre mis documentos un visado alemán. Aquí se trastorna el blanco de su piel y adquiere un tono ligeramente ocre. Aparece una mueca en su rostro. Mi revolución, pienso, va de mal en peor: estuve ocho meses en una ciudad alemana desbordada de turcos que él seguro imagina fundamentalistas, turcos regidos por la Sharia. La verdad podría complicarse aún más y se complica cuando pronuncio el nombre del barrio donde voy a alojarme. Empezando a saberme culpable digo que me quedaré en Jaffa, o, si él prefiere, en Yafo, la manera hebrea de nombrar esa vieja ciudad árabe al sur de Tel Aviv. Yafo, corrige el israelí levantando su frágil ceja de tira. ¿Y quién vive ahí, si se puede saber? La verdad, pienso. La verdad. Un amigo-escritor, contesto, aunque lo de amigo sea una pequeña exageración, un modo chileno de decir que compartí con él tres días de una gira en Alemania y una decena de mensajes recientes. Pero como si no me hubiera oído o no me hubiera entendido me pregunta en qué trabaja ese amigo mío. Un escritor, sospecho, lo que hace es escribir novelas, escribir crónicas de viaje, escribir columnas y cuentos, dar talleres, con suerte ganarse un premio y sobrevivir algunos meses. No sé si mi amigo tiene un trabajo asalariado. Escritor que escribe, carraspea ásperamente esa sombra de hombre arrugando la frente, escritor, y arrastra la erre antes de llamar a su jefe.

máquinas sospechosas

El supervisor repite todas las preguntas de su subordinado y yo reitero con exactitud todo lo que ya dije hasta que llegamos a mi amigo-el-escritor-en-Jaffa. De dónde nos conocemos. (De toda la vida, digo, vagamente, recordando el párrafo donde mi futuro-amigo, al que llamaré Ankar, me decía: «Sobre tus aprensiones: cuando entres es posible que te hagan preguntas antipáticas y te revisen dos veces las maletas pero de ahí no pasa el ritual.») Menos mal mi inminente-amigo tiene un apellido judío. Pero dónde vive, en qué calle, insiste el jefe de los agentes, pasándose una mano por el billar de su cabeza. Le entrego la dirección que llevo en un papel, olvidándome de que junto al nombre completo de mi amigo aparecen el de su mujer y el de sus hijos: todos indudablemente árabes. Sobre el papel veo deslizarse la falange, luego la medialuna de una uña muy pulida hasta que en la punta surgen todos ellos, por escrito. El supervisor modula estos nombres como si pudiera, al pronunciarlos, desactivar su palestinidad. A continuación extiende su brazo con el mismo dedo manchado de árabes y me indica que pase a la pieza chica del fondo. La pieza oscura, temida, de toda infancia pero también de toda migración. Veo un sillón lleno de bolsas y de papeles, sin contar algún cordón de zapato asomando por debajo. Basura que los tiras se esfuerzan en apartar para que tome asiento. Póngase cómoda, dice una voz en un inglés cargado de Medio Oriente. Junto a la puerta hay un bidón con agua que no hacen más que ofrecerme. Una y otra vez. ¿Fría o natural?, me pregunta la agente de pelo largo que hace el papel de amable. Me desconcierta su parecido con la enfermera de mi ginecólogo judío-neoyorquino, la joven enfermera que me habla de la diabetes rampante de ese marido suyo que acaba de regalarle la estrella de David que lleva colgada al cuello, la inofensiva estrella en la que yo me fijo mientras me clava la aguja y me extrae sangre. ¿Fría?, repite la tira o la enfermera, pero la temperatura no me importa. Fría mejor, decide ella, y yo no me opongo porque de pronto noto la boca muy seca y muy amarga y una fiebre acusatoria en las mejillas. Sé que podría reventar si abro la boca pero no hay más preguntas, por ahora. Ni una sola pregunta de los cinco tiras que se turnan en acompañarme y en ofrecerme ese líquido que decido no aceptar. Lo peor sería querer ir al baño y no obtener permiso mientras ellos piden disculpas. *You understand we do this for security*, afirman, o preguntan entrecortadamente, uno tras otro, como miembros de una secta. *Yes, yes,* digo yo, porque esperan que diga algo, cualquier cosa que no sea entender la *security* de quién. Me pregunto por qué no se han interesado en el origen de mi apellido ni si tengo planificado visitar los territorios. Me contesto que no les hace falta preguntar lo que ya saben. Entonces entra el supervisor agachándose un poco para no golpearse la frente e inquiere por la maleta y el bolso que él mismo acaba de quitarme. Si son míos, pregunta. Si llevo dentro algo que pudiera hacerle daño a alguien. La única respuesta verdadera, pienso, es esta. Uno. La tinta de mis bolígrafos es tóxica. Dos. Puesta la fuerza necesaria, mi lápiz es capaz de atravesar un cuerpo. Tres. El cable del portátil alrededor de un cuello. Cuatro. El computador arrojado violentamente contra una cabeza que al golpe cruje, se parte. Pierdo la cuenta. Abro mentalmente mi maleta y me encuentro con los libros que me encargó mi inminente-amigo-el-escritor para su próximo proyecto: *On Killing* se llama uno de Dave Grossman, otro es la biografía de un agente de la CIA encargado de la guerra-contra-el-terrorismo. Se me dispara un sudor frío. El supervisor vuelve a su pregunta. Algo. Daño. Alguien. Y yo revuelvo un instante mis ojos por las esquinas de esa pieza penumbrosa para mí, aunque llena de luz para ellos, y bajando un poco la voz, murmurando confieso. Llevo repuestos para mi máquina de insulina. Entre esos repuestos hay agujas, agujitas. Pero el supervisor se queda en la frase anterior o no conoce la palabra *needles.* ¿Qué máquina?, dice. Oigo la adrenalina subiendo como un pito por su laringe. Me meto la mano entre las tetas y extraigo el aparato que me mantiene viva. Tiro del cable que la conecta a mi cuerpo para que comprenda que más allá de su vista hay una aguja que se inserta debajo de mi ombligo. Al supervisor se le cae la cara de seguridad y no queda sobre su cuello más que el asombro y la sombra de unos vellos eléctricos. ¿Y eso?, me dice, mientras yo intento una explicación en inglés. ¿Eso?, repite, sin escucharme ni entenderme, eso, ¡qué cosa es!

la cicatriz

La mujer-escritora-musulmana de mi amigo-el-escritor-descendiente-judío se alegrará al oírme relatar la peripecia aeroportuaria cuando por fin llegue a Jaffa, o Yafo. Muy bien, felicitaciones, te reconocieron; ya eres una verdadera palestina. Lo dice mientras elige verduras para la cena en el almacén de un viejo de kipá que come helado de manera compulsiva, la lengua entra y sale de su boca con una habilidad asombrosa. Pisamos la calle, cargadas de bolsas. Zima me explica que el viejo es un hombre muy amable, uno que nunca distingue entre su clientela. No tiene la boca llena de categorías, dice. Judíos y árabes para él somos iguales. Y esta frase suya me lleva de vuelta al aeropuerto y a las evidentes distinciones entre pasajeros. Tengo la certeza de que en las horas que pasé con los tiras fui más palestina que en mis últimos cuarenta años de existencia. La palestinidad que solo defendía como diferencia cuando me llamaban turca, alguna vez, en Chile, había adquirido densidad en Heathrow. Era una gruesa cicatriz de la que ahora quería hacer alarde. Desnudarla, amenazar con ella a las tiras que me hicieron bajarme los pantalones, desabrocharme la camisa, darme la vuelta, desconectar mi máquina. Entregarles la cicatriz en vez de ese aparato que tomaron con manos enguantadas prometiendo devolverlo de inmediato. Poner la cicatriz junto a las pastillas de azúcar que también llevaba conmigo, para emergencias. Por qué no prueba una, le dije a la experta en explosivos, sabe a naranja. Pero pensé a continuación que esa marca no era solo mía: en esa sala a la que acababan de trasladarme había otros jóvenes morenos como yo, el pelo crespo. Gruesas cejas despeinadas sobre ojos de carbón húmedo. Pronto se nos unieron dos rusas platinadas de vestidos escotados y negros, muy cortos sobre sus piernas transparentes. A ellas, que no portaban nuestra cicatriz, les hicieron, como a mí, como a todos nosotros, quitarse los zapatos que en ellas eran botas de tacón-aguja. Había que descartar bombas en los pies de esas mujeres mandadas a llamar por enamorados rusos, o clientes. Son cada vez más los rusos que han entrado a Israel, haciéndose pasar por judíos. Ese es otro problema de la seguridad israelí. Pero fue la palestinidad lo que acabó por separarme de ellas. El supervisor vino a buscarme y las rusas, reconociendo mi superioridad en el peligro, acusaron el trato preferencial que me otorgaban. *Lucky you!*, dijo una. *Special treatment!*, dijo la otra. *Indeed*, dije yo, sin volver la cara, alejándome con el supervisor que aprovechó nuestra cercanía para advertirme que no podría subir más que con el pasaporte. Me quitó lo poco que me quedaba y me dejó en la puerta del avión diciendo, con sarcasmo o con alivio, *good trip, miss, be well.* Y ya subida en el avión, ya abrochado el cinturón, sentí el cosquilleo de la herida porque volvía a entrar una última agente. La misma que me había recomendado una vueltecita por el *duty free* a modo de calmante. No me preguntó por el *duty free*, sabía que yo de ese aeropuerto inglés no vi más que la sala de los posibles terroristas. Me pidió que le entregara el pasaporte con mi sospechosa identidad entre las páginas. La vi desaparecer por el pasillo. Los motores rugían por partir y ya la línea aérea empezaba a promocionarse en pantallas individuales. Una voz susurraba, dulcemente, su propaganda. «El Al. No es solo una aerolínea. Es Israel.»

ankar o munir

Es domingo y es noche y todavía tengo que encontrar un taxi. Ankar me ha advertido en un correo que su calle acaba de cambiar de nombre. Algunos taxistas no la conocen. No me queda energía, esta noche, para perderme por una ciudad desconocida en la que no manejo ninguna de sus lenguas. El taxista habla hebreo y ruso pero apenas entiende alguna palabra del inglés, y en ese idioma me explica que su hija algo sabe de español: lo está aprendiendo en las telenovelas argentinas que aquí son muy populares. (Los árabes, oiré después, prefieren las turcas.) Ankar me ha dicho que si me demoran en el aeropuerto puede que los encuentre a todos durmiendo. «Es casi seguro», escribe, porque sus hijos empiezan el día a las seis de la mañana y el domingo es laborable. Que no toque el timbre. Que empuje con fuerza el pesado portón de la entrada. Encontraré su departamento sin seguro y la cama hecha o más bien el sillón con sábanas. «Es probable que la luz de la escalera se apague cuando salgas del ascensor en mi piso, si eso sucede tienes que presionar uno de los botones que está al lado de mi puerta; no el botón rojo que parece de la luz; ese es el timbre. Busca el otro, el blanco.» Esto lo he memorizado sin animarme a decirle que no veo en la oscuridad. «Espero no terminar la noche en una vereda», le comento en otro mensaje. Pero a pesar de la hora y de las pastillas que toma para dormir, Ankar no solo está en pie cuando llego sino que parece listo para salir a dar una vuelta por el puerto. Paramos a comprar cigarrillos y chocolates en un quiosco que a juzgar por las cervezas debe ser cristiano. Acá en Jaffa los quioscos y las gentes están mezclados, dice Ankar. En Tel Aviv no: ahí son todos judíos. Acá hay más árabes, pero no los árabes originales, porque esos fueron expulsados en la primera guerra y reemplazados por otros, más pobres, que llegaron desplazados de otras zonas. Hay también comerciantes prósperos, o mafiosos prósperos, católicos y musulmanes, que se quedaron pero perdieron todo. Los palestinos partieron pensando que regresarían en una semana, pero no pudieron. Sus casas quedaron abandonadas y muchas de ellas pasaron al Estado. Jaffa ahora está de moda entre la alta burguesía judía. Y entre intelectuales de izquierda, explica él, un escritor-de-izquierdas aunque más a la izquierda que esos intelectuales. Por estar en el extremo de la causa palestina, ha sufrido algún tropiezo. Pero ayuda el apellido del abuelo que huyó de los nazis austríacos dejando atrás los cadáveres frescos del resto de la familia. (Ese abuelo salvado-del-holocausto salió de Génova, eligió al azar un destino en castellano, y ya nunca quiso volver atrás, ni siquiera cuando le ofrecieron devolverle la casa familiar llena de fantasmas.) Para los estándares israelíes ese cuarto paterno de judaísmo pesa poco y para la calle es una complicación. Los árabes del barrio que juegan a la pelota conmigo, casi todos obreros musulmanes, dice, no me saludan por la calle porque temen que los crean pactando con el enemigo. Ankar se ve judío pero adentro es otra cosa. Una cuestión religiosamente inestable. Ankar nieto-de-judío fue criado cristiano por su madre. Tuvo una época animista y otra sij. Hace unos años anuló todas esas religiones pasándose al Islam. El precio de enamorarme de una musulmana, dice, enarbolando una sonrisa misteriosa en la oscuridad. Luego agrega que no le costó volver a mutar. En ningún credo la conversión es tan sencilla como en esta, explica. Repetí una frase de memoria y eso fue todo: ahora soy musulmán. Mi suegro me bautizó como Munir, *el que da la luz*, traduce, apoyado en una baranda sobre un mar que esta noche es un hueco negro en el horizonte. En unas horas la noche se volverá día de la misma manera expedita en que Ankar se volvió musulmán; pero ahora es noche cerrada y a estas horas el puerto se siente abandonado, moribundo. Alguna vez este fue un punto vibrante, lleno de palestinos. Ahora se les ve muy poco por estos lados. De día casi todos son israelíes, o turistas. Jaffa ha ido encareciéndose. Una familia de clase media como la de Zima ya no puede comprar aquí. Esta es la manera de mantenerlos sin propiedad. El Gobierno puede decir que no impide la compra pero el alza de los precios es otra manera soterrada de imposibilitarla. Es otra forma de expropiación de los palestinos.

voluntad musulmana

Una voluntad musulmana, la de su mujer. Una voluntad férrea de la que yo carezco, susurra Ankar empujando suavemente la puerta que dejó sin llave. No sé si habla el Ankar de tantos credos o el Munir musulmán cuando agrega: la religión no ha podido con mis viejos hábitos indisciplinados. Su mujer está durmiendo desde las diez pero ya estará por despertar cuando regresamos de la larga caminata. Ella se levantará para rezar (y lavarse la cara y las manos y los pies varias veces como ordena el Corán) pero después de orar los cinco minutos reglamentarios (son apenas cinco, a la madrugada, pero son minutos al agua fría, minutos despabilados) se vestirá, pasará muda junto al sillón donde yo esté dormida, y hasta que no empiecen a llorar los niños se encerrará a escribir en el refugio blindado que este edificio, como todas las viviendas israelíes, tiene en su interior. Es la parte más resistente del edificio, y aunque ahí no hay ventanas ellos han acomodado el refugio como oficina para blindarse menos de las bombas que de las distracciones. Hay otro en la calle, dice Ankar cuando le pregunto qué opinan los vecinos sobre la apropiación privada de un resguardo público. Estos son los días en que Israel amenaza con un ataque preventivo a Irán para detener la construcción de armas nucleares, los días en que se temen represalias atómicas; está sucediendo otro bombardeo sobre la ciudad sitiada de Gaza y a Ankar le acaban de comunicar que no habrá máscaras de gas para Zima ni sus padres. Solo para los niños y para él. La explicación es que los papeles de la devolución de las máscaras anteriores no aparecen. No les pueden entregar otras sin ese comprobante. Entonces: si una bomba iraní o siria cayera a las cinco de la mañana con la familia entera durmiendo desenmascarada, a Zima podría salvarla su voluntad de encierro en el búnker de la escritura. No termino de decidir si sería un hecho de justicia poética o divina, o si sería una maldición sobrevivir ella sola y encontrarse a los demás ahogados por el gas entre las sábanas, sus máscaras sobre el velador. Decido pensar que sería una salvación merecida, la suya, porque lo que motiva sus madrugones y sus horas de encierro es una misión: concluir un relato que se propone ayudar a otras musulmanas a encontrar en sí mismas la clave de la integridad. No en las normas fanáticas de ciertas corrientes islamistas sino en la frontera difícil que ella habita como musulmana casada pero destapada. Porque ir de pelo suelto y jeans resulta incorrecto en los círculos más cerrados de la fe. Zima no cree que en el velo o en la burka esté la clave de la virtud. Que la honestidad pueda reducirse al uso de un pañuelo alrededor de la cabeza. Hay mujeres manteniendo apariencias sin un sustento moral, dice a la hora del desayuno Zima, una mañana entre tantas. Alternando un estudiado inglés y su nuevo castellano conyugal, habla largamente contra la hipocresía haciendo pausas para recuperar la entonación. Sí, asiente, mordiendo un pedazo de pita, hipocresía, y se me queda mirando, suspendida en esa palabra y en ese pedazo de pan, entre sentenciosa y resplandeciente. Y yo asiento a todo porque comprendo lo que dice esta mujer que podría ser mi hermana, que podría haber sido yo. Asiento mecánicamente a la vez que rechazo esas vicisitudes religiosas que ella sufre. No sirve que yo niegue o acepte su credo y por eso también asiento: para no ponerla en contra, para que no intente convencerme o no logre tentarme con su fe; para que no se acorte definitivamente la distancia entre ella y yo. Sigo escuchándola en silenciosa atención mientras intento clavar una bola de queso que flota, escurridiza, en el aceite.

la cabeza a dos manos

Parten los niños a la escuela o a la casa de la abuela que los cuida mientras ellos trabajan. Zima diligente en su oficina, de martes a sábado. Ankar en la mesa del desayuno todos los días. Yo no hago más que dar vueltas por la sala acechada por el fantasma de la cafeína. Pero no puedo simplemente salir a conseguir un café o meterme a un café a curarme el dolor de cabeza, me avisa Ankar asomando los ojos por sobre la pantalla. Las mujeres no van solas a las cafeterías musulmanas, me recuerda volviendo a esconder la vista. Evoco la tetería de Marruecos donde una vez intenté pedir una taza de agua hirviendo llena de hierbas y no conseguí más que miradas masculinas; tuve que lanzarle al camarero unas cuantas palabras torpes en francés para hacerle ver que yo no era una musulmana en busca de clientes. Yo misma me había disfrazado con un vestido largo y un pañuelo sobre los hombros para pasar inadvertida en los mercados, para no atraer a los vendedores callejeros en busca de extranjeros; pero mi camuflaje, por eficaz, me había jugado en contra en la tetería. Me froto ahora la cabeza a dos manos: tendría que saber encontrar un café israelí en un barrio árabe pero no me veo capaz de estas distinciones. No sé si soportaría ahora otras miradas de sospecha. Ankar termina el lento teclear de una frase y hace aparecer toda la cara al cerrar su computadora. Quizás no le sentara mal acompañarme, dice, alargando un bostezo, y agregando: Hace cuánto que no me tomo un expreso.

pueblos hundidos

A la entrada de la estación de buses de Tel Aviv un hombre nos detiene. Que abra mi bolso para introducir, él, una linterna. No se asoma a mirar qué llevo dentro. Palpa mi bolso por debajo como calculando el peso de una mercancía. Eso es todo en esta estación, pero en la de Jerusalén habrá que añadir el detector de metales, las pantallas, los guardias negros rescatados de Etiopía y acogidos bajo el lema igualitario que otorga la religión en exclusiva a los judíos. Esta operación de seguridad se repite con tanta frecuencia que después de unos días, a la menor provocación, aun en circunstancias que no lo ameritan, le abriré mi bolso a cualquier desconocido casualmente apostado en una puerta. Las sucesivas revisiones pronto dejan de abrumarme pero la constante presencia militar me sobrecoge. Es aún más densa aquí que en los tiempos de la dictadura chilena: nuestros milicos iban armados hasta los dientes pero no se mezclaban con los ciudadanos. Constituían una anomalía, una rareza destinada a desaparecer. Aquí son aceptados como una necesidad de la que pocos quieren prescindir. Estos uniformados indican con su sola energía adolescente y sus zapatones que cada centímetro es campo de posible enfrentamiento. Y nosotros subimos con esos conscriptos por las escaleras mecánicas de la sórdida estación de Tel Aviv. Me pongo a la cola con ellos que van siempre en grupo. Algunos sin armas, otros portando metralletas gastadas. Esta juventud militante se sube al mismo bus con nosotros, con cafés y pasteles en los mismos cartuchos de papel, observando por la ventana, delante y detrás nuestro, la misma pulida carretera que nos llevará a una ciudad que no es una sino muchas. Una Jerusalén atravesada por un muro que a trozos es de alambre, que a veces divide entre israelíes y palestinos y a veces entre palestinos y palestinos de un mismo barrio. Pero no hemos llegado a la complicación de Jerusalén, todavía. Seguimos todos juntos avanzando sobre ruedas, sobre el asfalto. Me pregunto qué verán los conscriptos afuera mientras Ankar y Zima me señalan el sitio de uno de los quinientos pueblos arrasados a la vera del camino. Lo que asoma entre la hierba son hileras de cactus que fueron inútiles cercos de protección. Quedaron ahí, plantados y eternos, como señal de lo desaparecido. Espinosos monumentos alrededor de la ausencia. Los dejamos atrás sin olvidarlos mientras sostenemos la única conversación posible: una oculta entre lenguas. Ellos no hablan castellano, me asegura Zima en un acento arrancado de América Latina y trenzado con otros tres idiomas. Y lo que ven, agrega, no es un judío con dos posibles palestinas sino forasteros pasando del inglés a algo que no reconocen y que desactiva su instinto defensivo. Turistas, piensan. Gente de la que no hay que preocuparse así como tampoco nosotros nos preocupamos por ellos. Abordamos la treta de la extranjería y ya en Jerusalén seguimos a Zima: ella encabeza nuestra marcha entre la estación del oeste y la del este. Entre ambas hay un taxi carísimo y otro abrir y cerrar de bolso en un control de seguridad. Encontramos en la nueva estación la salida que indica Beit Jala y Belén, antes territorio de cristianos que se está llenando, como ahora nuestro bus, de musulmanes. Cisjordania tiene, en el mundo, apunta Zima, la tasa más alta de conversión del cristianismo al Islam. Lo cual habla bien de su tolerancia religiosa, dice. O de su desesperación, digo yo. Eso también, acepta ella sin voltear la cabeza. Algunas mujeres levantan sus miradas alborotadas por nuestras cabelleras. Debemos ser extranjeras también para ellas. O cristianas, me advierte ella musulmanamente, y eso también es complicado, agrega, porque aquí los cristianos son pocos pero son la clase alta de los palestinos. Y en esto sin duda hay tensión, dice, pero ya no dice más mientras avanzamos entre mujeres completamente envueltas.

tu apellido no es meruane

No sé qué esperaba sentir cuando me encontrara con Maryam Abu Awad. Estábamos esperándola en la plaza Chile de Beit Jala, debajo de la placa conmemorativa y bajo el tibio sol de marzo, junto a unos soldados que quizás fueran palestinos. No sé si esperaba ver en ella un rasgo familiar o sentir un pálpito, recibir la campanada de un reconocimiento genético. De pronto alguien alza una mano y cruza la calle haciendo señas. Nada. Ninguna emoción, apenas desasosiego: esto podría ser un error. Esa mujer bajita y casi vieja podría estar buscando a una sobrina o a una amiga que no soy yo. Y ahora esa mujer se está abrazando a mí sin preguntarme si verdaderamente soy quien ella cree. El lado menos escéptico de mi cerebro me exige representar el rol para el que he viajado de tan lejos y responder a ese beso suyo, a ese apretón, y seguirla hacia su casa. Emprendemos un camino por calles laterales, nos metemos por un pastizal y luego por un descampado que acorta el trecho pero también hace peligrar mi equilibrio. No el suyo. Ella se va quejando de la vejez pero a paso cerrado me saca una ventaja humillante; yo cojeo detrás, tanto andar por tierra supuestamente santa me ha roto los talones. Oigo que me pregunta con cierta inquietud quiénes son esos amigos míos que nos siguen de lejos: si judíos o musulmanes. (Mi padre me ha hecho la misma pregunta sobre Ankar, por correo, y tras mi larga aclaración ha dicho: «Tu amigo, sin duda, debe ser una excepción».) Desvío la pregunta de Maryam con otra que vengo rumiando desde hace meses, la pregunta por nuestro apellido compartido. Me intriga saber si hay alguna conexión sahariana o argelina. Si existió una traducción del árabe. Si Meruane no sería un nombre como Maruan o Marwani o Merauneh, que remite al nombre de todo un clan, transformado en el precario trámite migratorio de principios de siglo. Maryam, que lleva un Meruane detrás del Abu Awad, me interrumpe con ese castellano gastado de los ya lejanos años que pasó en Chile: Ustedes no son Meruane. Apuro el paso con el dolor de mis talones y le digo: ¿Cómo que no somos Meruane? No, dice, sin agitarse. Ustedes son Saba. ¿Sabaj?, pregunto yo casi afirmando, Sabaj o Sapaj, porque esa parte de mi familia recibió nombres distintos al ingresar a Chile. No, no, repite y afirma: Saba. Los Sabaj son otros. Y lo que sigue es una aclaración genealógica o clanológica hecha en un castellano tan confuso como lo que no termina de contarme. En ese momento detiene su carrera frente a una gran casa de piedra y exclama es aquí, ya llegamos. Pero yo no miro esa enorme mole blanca en la zona alta de la ciudad. Algo se revuelve en mi cabeza. Algo se viene abajo. Si yo no soy Meruane entonces esta mujer que dice ser mi pariente no es nada mío. Pero hay algo aún peor: si nosotros no somos Meruane, entonces, quién soy yo.

sensores descompuestos

De pronto aparece la hermana de Maryam y se me abalanza exclamando en su tenso inglés: ¡Sé que eres tú y no ella! Me estruja apartando a Zima de mi lado. ¡Mi sangre me lo dijo al verte! Su inglés-palestino resuella en mi oreja pero mis sensores siguen descompuestos. No siento nada más que la alegría de alegrarla y una rara envidia creciendo ante su dicha. Ahora estamos todos sentados en la sala y no sé de qué hablar con esta parte de mi pasado que se ha vuelto un incómodo presente. Maryam sale al paso hablándome de su madre, la sobrina de mi abuelo. Me habla de los negocios de su padre nacido en Bolivia pero retornado a Palestina, de su tiempo en Chile y de otros viajes que me cuesta retener, porque se suman los desplazamientos y las fechas, los nombres desconocidos de mi parentela. Maryam me pregunta por otros Meruane. (Son Meruane, me digo, resentida, por más que ella diga que son Saba.) ¡Pero cómo puede ser que yo conozca a más Meruanes que tú!, acota, con asombro, como si fuera mi tía-la-primogénita llamándome la atención, aunque ella, en rigor, es mi prima, una prima lejana y también mayor. Tiene razón: yo solo conozco al clan más cercano. Los otros apenas me suenan. Algunos, ni siquiera. Pero las explicaciones tomarían demasiado trabajo y obligarían a desenterrar todo un vocabulario. Maryam se ahorra ese esfuerzo mostrándome una foto antigua de mis abuelos junto a mi padre, de chaqueta y corbata, y a mis cuatro tías de entonces, todas espléndidas con sus tocas. Mis abuelos al medio, él pelado y de bigote, ella adusta, de vestido floreado. Espero en vano que aparezca un álbum que alguien dijo debía existir en esta casa, porque mi abuelo mandaba cartas y fotos que el otro lado de la familia debía guardar. Álbumes documentando nuestros nacimientos, nuestras infancias, nuestros tropiezos. Pero ese retrato es todo lo que hay de nosotros aquí, esta única imagen en sepia y estas mujeres que la atesoran.

casas con niños

La conversación avanza al presente y se llena de quejas. Por qué no he venido más tiempo. Por qué no me quedo a dormir. Por qué mi padre no ha pasado nunca a visitarlas. (Miro a Zima, ella me mira a mí y sonríe levantando levemente las cejas.) Cae la pregunta por los hijos que no tengo o que no tuve pero que debería tener: las casas sin niños son muy tristes. Ni Maryam ni su hermana los tuvieron y no me parecen afligidas. Eso les digo. Maryam contesta que pasemos a la mesa. Pensaré después que en esa ansiedad por la casa sin hijos se urde otra angustia. Aquí se vive una guerra reproductiva y los cristianos que quedan suman apenas un tres por ciento. Recordaré que Golda Meir, repitiendo, ya en sus años de primera ministra, las palabras de los viejos sionistas, agradecía que Dios hubiera provisto al pueblo judío de una tierra sin gente destinada a ser poblada por ellos. Recordaré también que por más que el de «una tierra sin gente para una gente sin tierra» tuviera encanto, Meir reconocería sufrir de pesadillas a propósito del galopante crecimiento demográfico de esos palestinos que siempre estuvieron ahí. Hay casi tantos como judíos en estas tierras. Multiplicarse es un mandato que los musulmanes cumplen alegremente mientras los cristianos disminuyen. Me quedaré pensando en la ausencia de cristianos del futuro palestino a partir de algo que agrega Maryam, de improviso. Son malos, dice, a través de la mesa y del pollo con almendras, de la montaña de arroz blanco, malos, repite, echándole un ojo confuso a mi amigo-el-escritor con cara de judío. Entendemos a quiénes se refiere y ella lo sabe. Y quiere explicarme a qué se refiere pero cansada del castellano se lanza al árabe y a Zima. Maryam entona una voz nueva que nuestra traductora asume y versiona solo a medias, titubeando. Dice Maryam en árabe, dice Zima en un castellano que de pronto suena impregnado de Chile (como si Zima se hubiera contagiado de mi acento o estuviera ahora hablando por mi boca), que el final de Israel ya está cerca. (Ankar nos mira a ambas de reojo como si él no entendiera ninguna lengua.) Maryam insiste que lo ha anunciado un predicador que tiene poderes premonitorios. Zima acota, injertando información propia en esa traducción libre, que su padre le ha dicho lo mismo, que en Jaffa corre ese rumor. Mucha gente, me dice sin involucrarse pero haciéndome parte de ese decir, mucha gente cree que Israel se acerca a su desaparición.

insha'allah

Nos dan las cuatro y mis anfitriones anuncian que deben regresar, por los niños. Nos dan las cuatro y media y Maryam anuncia que no podemos irnos sin un regalo para mi tía-la-mayor: nunca se perdonaría no corresponderle el que ella le mandó, por más que ese regalo de mi tía pasara por sus manos sin producir efecto. Lo que importa es la exacta devolución del gesto. Dan las cinco. Me atrevo a insinuar que querría ver la casa de mi abuelo antes de partir. No hay tiempo, dice Maryam, saltando del sillón. Zima hunde sus pequeños ojos negros en la alfombra. Se deja tomar de la mano por Ankar, que tampoco me mira. La decisión está tomada, no hay cómo revertirla. Iremos de compras a Belén y luego podremos irnos. Y cuando yo vuelva con más tiempo, dice Maryam, su hermana asiente, me llevará a esa casa con galerías y pilares de medio punto y balconada igual a esta. (La imagino así pero luego descarto la idea: Abu Awad era rico, mi abuelo era huérfano.) Se pospone la visita para la próxima vez y yo temo que nunca ocurra esa visita pero que el deseo de ver la casa de mi abuelo me deje atada para siempre a la posibilidad de Beit Jala.

Además, dice Maryam, a ti te duelen los pies, jamás podrías caminar hasta allá. Desandamos entonces el camino, cuesta abajo, y yo voy fijando la mirada en las calles y esquinas y en el cielo sonrojado, y sobre todo en los techos de las casas a lo lejos: acaso entre ellas esté la de mi abuelo. Tomamos un taxi amarillo-canario y enfilamos al mercado. Maryam insiste en comprar una cartera de imitación que mi tía no necesita: la disuado pero consigue que yo acepte llevar dos kilos de almendras y una pasta de dátiles que nunca me dejarían pasar por la aduana chilena. Compra para mí unas velas decoradas con letras árabes y un paquete de esa especia oreganada que aquí llaman *zattar*. Maryam incluso paga la bolsita de *loos* que acabará en la boca de Hamza. Veo que Zima mira nerviosamente la hora y me despido prometiendo volver pronto, aun sabiendo que quizás nunca lo haga. *Insha' Allah*, responde ella en un susurro triste que suena a mantra, *Insha' Allah*, dice, *Insha' Allah*, *Insha' Allah*, hasta que dejo de oírla y lo que queda es el recuerdo de su voz.

casa tomada

Mi tía-la-primera me preguntará semanas después, por teléfono, si Maryam llegó a contarme de la vez que estuvo prisionera en el segundo piso de su casa. Varios días impedida, ella y su hermana, de bajar. Los militares israelíes inspeccionaron el primer piso en busca de algo o de alguien que no pudieron encontrar, y se quedaron unos días esperando que alguien o algo apareciera. Hicieron un bosquejo del interior de la casa, sacaron unas cuantas fotografías, miraron a la gente posando en blanco y negro dentro de los marcos y tomaron nota de sus rostros. Acaso tenían un dato equivocado o simplemente estaban haciéndole saber a esas dos hermanas solteras y ya mayores que ellas y sus pertenencias quedaban fichadas. Que la presencia militar en Beit Jala era inexpugnable. Que en cualquier momento podían regresar. No recuerdo qué más me contó Maryam, me dice mi tía, ¿a ti no te lo mencionó?, insiste, expectante, buscando la confirmación de ese relato que se ha ido deslizando por su recuerdo. Yo me detengo a pensar al otro lado de la línea. No, le digo, se nos hizo corto el tiempo. En cuanto cuelgo con mi tía regresa, sin embargo, muy nítida esa frase de Maryam, son malos, vuelve su mirada asustada, son malos, y se me revela el sentido de ese susurro acusatorio atravesando la mesa, malos, pasando por encima del pollo con almendras y el arroz, malos, muy malos, y comprendo que ella estaba resintiendo la escena del hambre y de la impotencia y del terror en su propia casa. Sin decirme nada me lo estaba diciendo.

mirar el mar

El bus que nos regresa de Beit Jala mantiene los motores encendidos mientras nos bajamos, uno a uno, y hacemos fila rodeados de conscriptos. Quince o veinte minutos en ese páramo militar conocido como *checkpoint* contestamos preguntas y mostramos nuestros papeles.

Balanceo en una mano el pasaporte chileno, al que, alertada por Ankar, acabo de quitarle la etiquetita roja, y numerada, que acredita, acabo de enterarme, mi alta peligrosidad. En la otra, la derecha, mi tarjeta verde. Es esa la mano que se estira hacia el soldado mientras la zurda esconde el pasaporte. Empieza a anochecer cuando dejamos el segundo puesto de control. Hemos tenido suerte, dice Ankar, podrían haber sido más. Más paradas y más largas y más complicadas si alguien hubiera estado en alguna lista. Mucho más tiempo. Por eso había que salir temprano, se disculpa Zima, y bajando la voz agrega que el *checkpoint* es un muro móvil donde Israel nos recuerda su soberanía sobre los territorios palestinos, que ese control forma parte de una política sistemática de acoso. Entorpece el viaje de los palestinos hacia Israel y dentro de lo que queda de su territorio, pero aún más grave es la construcción de muros de concreto, de carreteras privativas para los colonos, de asentamientos que irrumpen e interrumpen la continuidad del territorio palestino y la unión entre pueblos cercanos. Nuestro mapa está intervenido por los asentamientos y nuestras ciudades se han vuelto espacios sofocantes de los que cuesta salir. Incluso para ver el mar, agrega Ankar. El mar, repito, de pronto recordando que los cisjordanos ya no tienen costa y que Tel Aviv está construida al borde del océano. Recuerdo que la mujer sentada a mi lado en el avión no entendía que yo no hubiera puesto un traje de baño en mi maleta: nunca pensé en el mar. No me he acercado a mirar la playa. A veces, Ankar continúa hablando sin detenerse en mi asombro, en alguna ocasión, alguna familia logra salir de Cisjordania y acercarse a mirar las olas. Son casos raros, dice, porque a los palestinos los tienen apresados dentro de sus territorios. Y se supone que los israelíes tampoco pueden entrar en esta zona: podrían ser atacados, y una víctima judía es un grave asunto diplomático, un asunto que podría detonar una guerra. No pueden entrar porque podrían ser activistas de izquierda y eso es aún peor. Pero los israelíes sí entran, aclara Zima, entran todo el tiempo, a comprar, porque todo es más barato aquí, y entran a tomarse tierras que reclamarán después como propias. También son más baratas, exclama con ironía. Ankar mira a Zima con alarma, Zima mira sobre mi hombro un instante y de inmediato se calla.

enredarse en un pañuelo

Me compro un pañuelo aunque Ankar me ha dicho que no hace falta. «Aquí las mujeres que quieren se lo ponen y las que no, no», me escribió en alguna de sus cartas. «En mi matrimonio había desde burkas integrales hasta escotes de vértigo, y en muchos casos unas y otras eran hermanas o primas. En Cisjordania es posible que te sientas más cómoda con el pañuelo. Zima a veces se lo pone cuando vamos buscando crónicas. Pero no porque nadie te diga que debes ponértelo, sino porque los hombres están menos acostumbrados a ver mujeres descubiertas que en el lado israelí. Sin pañuelo tendrías muchas miradas encima. Tú decides. De cualquier manera en caso de querer un pañuelo te recomendaría comprar una *hiyab*. Si la idea es verte local y no como corresponsal de la BBC, es mejor comprarla aquí.» Eso hago. Por cinco shekels consigo un pañuelo negro y me lo enredo al cuello, a la francesa. Me detengo en una esquina a esperar que cambie la luz. Siento una mano por detrás, o más bien un dedo sobre mi hombro y una voz que formula una pregunta que no entiendo. Ni siquiera podría asegurar qué lengua es y sin fijarme demasiado respondo, en inglés, disculpe, no hablo ni árabe ni hebreo. La mujer que preguntó me mira con espanto. ¿Árabe? No debe ser árabe, ella, por la cara que pone cuando dice esa palabra. ¿Árabe?, en inglés, con horror, ¿pero quién está hablando árabe aquí? Alguien a su lado murmura en su oído, supongo que en hebreo, porque hablan entre ellas y sus rostros se endurecen. La acompañante me dice que la otra, la que preguntó, quería saber la hora. Pensó que usted era israelí, esto es Israel, me dice. Se confundió, le digo, no soy israelí y no tengo hora, y desenrollando mi pañuelo del cuello empiezo a enredarlo alrededor de mi cabeza.

cámaras entre púas

Las cuatro partes de la ciudad vieja tendrían que parecerme extraordinarias, sus mercados judío, armenio, cristiano y musulmán tendrían que entusiasmarme. Las guías pregonan que la vieja ciudad amurallada es inolvidable y yo busco algo especial en ella, algo que deje huella en mi memoria transeúnte. Camino por sus callejuelas atestadas de gente seguidora de todos los credos y de objetos de varias tradiciones. Y regateo con algún tendero que me duplica sin duda el precio de un cojín. Y bajo escaleras que destellan una belleza abigarrada y caótica, y me pierdo por templos y pasillos de piedra o de tela hasta que encuentro la luz de un cielo abierto y lo que veo me sobrecoge. Una construcción precariamente equilibrada en la cima de piedra de la ciudad vieja. Una casa o caseta alambrada: una visión imposible. Vuelvo al mapa, repienso mis pasos; busco coordenadas y las encuentro. Esta es la zona musulmana. ¿Pero qué hace aquí esta construcción protegida por púas, premunida de cámaras de vigilancia, de banderas blancas con estrella celeste? Apunto, yo, mi pequeña cámara y disparo una foto llena de color: esta es la imagen que no debo olvidar nunca.

niños indistinguibles

Esta ciudad es Jerusalén. Esta es la escuela Max Rayne. Este judío que se asoma a la entrada se llama Ira y no es el director sino el funcionario de una organización que sustenta las cinco escuelas integradas de Israel. Ankar y yo hemos venido a conocer esta institución excepcional que acoge a niños árabes y judíos para proporcionarles una educación bilingüe y multicultural. Las ventanas de la escuela se asoman a una línea de tren que funcionó hasta 1967 como línea fronteriza. El movimiento de los bordes, el ensanchamiento de la soberanía israelí tras esa guerra, dejó sin uso la vía y permitió la unión del pintoresco barrio árabe de Beit Safafa bajo Israel. Ese barrio lleno de árabes ha crecido dramáticamente: así dice Ira, que es alto y flaco y nada airado, y que habla con perfecto acento norteamericano durante el recorrido por la instalación. Nos habla con energía y entusiasmo cuando destaca el aporte de la escuela en la gesta de la paz futura. Algunos de los alumnos que lo escuchan no parecen tan convencidos, pero Ira es inconmovible en su convicción. Es imposible arañar su discurso con nuestras inquietudes. Proclama, primero, que los niños son indistinguibles: nadie podría asegurar a qué tipo de familia pertenecen. Proclama, segundo, que la idea de que los árabes son más oscuros que los judíos no siempre se cumple. Proclamas sucesivas: los niños se ven y se visten igual, escuchan la misma música, leen las mismas revistas. Y aprenden las mismas lenguas, incluyendo el inglés: en ese tercer idioma nos hablan ellos cuando Ira los invita a hacer declaraciones. Donde se diferencian, añade Ira sin sonreír, es en el equipo deportivo que apoyan. Y en la religión, corrige Ankar. En la religión, asiente Ira, pero disfrutan de las mismas vacaciones religiosas. Aunque en versión recortada, porque los feriados son muchos y muy largos. Pero habrá alguna otra diferencia, y no pocas tensiones entre ellos, sugiero yo, pensando en las sabidas crueldades de la vida escolar. Ira reflexiona un instante y acepta que las hay. Son estas. Los árabes conocen mejor a los judíos de lo que los judíos los conocen a ellos. Saben más de su cultura y de sus tradiciones y de su religión. Y aprenden mejor y más rápido el hebreo que los niños-judíos el árabe. Por más que los dos maestros en cada sala hablen su idioma sin recurrir a la traducción, los árabes están más expuestos a la lengua dominante. Y cuando se les acerca un compañero judío la cortesía les obliga a pasarse a la que todos hablan mejor. Además, mientras la totalidad de los apoderados hablan hebreo solo algunos padres judíos se manejan en árabe. Esos padres quieren que sus hijos conozcan a los árabes, que crezcan con ellos, y a pesar de las diferencias (Ira me lanza una mirada reprobatoria) terminan por amistarse. Y los padres (israelíes de izquierda, políticos, periodistas de *Ha'aretz*, intelectuales) también hacen ese esfuerzo. Quieren romper los prejuicios y los estereotipos, quieren entender a los otros y crear comunidad. Ser parte de la solución, no parte del problema. Pero no es fácil, esto también lo reconoce Ira cuando logra desprenderse del hombre-relaciones-públicas que lleva dentro. Y no nos sirve que ambos lados se presenten como víctimas, dice, levantando la mano para saludar a un profesor que pasa raudo por su lado, sin detenerse, como escapando. Estamos tratando de salir de esta situación creando una atmósfera distinta, dice, y agrega: dejando de ver a la gente como representantes del Gobierno o como representantes de Hamás; intentando ver a cada uno por lo que es como individuo. Acá lo que imponemos no es que la gente esté de acuerdo. Lo que se exige es escuchar y respetar al otro aun cuando haya disenso. Hemos impuesto muchas reglas: no se pueden usar nombres denigratorios ni se puede insultar a nadie. Hay que aprender a hablar y a discutir sobre los hechos. Debe de ser cambio de hora: pasan por nuestro lado varios niños corriendo indistinguibles. Ira los ve alejarse, nosotros, junto a él, los vemos desaparecer en el umbral de una puerta que se cierra. Ira aclara la voz y nos dice que cuando los alumnos regresaron de las vacaciones tras la última guerra en Gaza, la escuela los reunió durante tres horas para discutir el asunto. Ocurrió algo sorprendente, acota Ira, y se apronta a asombrarnos. Ni todos pensaban lo mismo ni pensaban de la manera esperable. Algunos niños-judíos se oponían a las acciones del Gobierno diciendo que no estaba bien lo que hacía. Algunos niños-árabes se preguntaban qué podía hacer el Gobierno si desde Gaza lo atacaban con misiles. Permanezco un momento encandilada por la posibilidad de los relatos invertidos. El hechizo lo quiebra el niño que se nos acerca hacia la salida de la escuela. Interrogado por Ira ese niño árabe se aparta libremente del libreto para hablarnos de los mensajes de odio que aparecieron hace unos días en los muros de esta institución. Contra la escuela, dice el niño, contra nosotros, los alumnos árabes. Ira lo interrumpe para asegurarnos y asegurarse a sí mismo que esos rayados no tuvieron ninguna relevancia. Ira lo manda de vuelta a clases pero el niño árabe insiste en los detalles, otra vez, las manos moviéndose nerviosas por el pecho como si quisiera asegurarse de que su cuerpo está presente.

numerología

Una situación tan extrema como la que aquí se vive no ayuda a las posiciones intermedias. Zima me asegura, otra noche, sin embargo, que pese a todas las dificultades está contenta de haber nacido aquí, de estar trabajando por la convivencia aquí, de estar criando a sus hijos cerca de su familia. Pero permanecer la pone en entredicho. Para los israelíes, dice Zima, palestinos son los que viven en Gaza o en Cisjordania, no los que habitan dentro de sus fronteras como minorías. Nosotros para los sionistas somos árabes, y para los moderados, árabes-israelíes que le deben lealtad a Israel. Esta situación los enfrenta a los palestinos-de-afuera, que los acusan de haberse aliado al enemigo. De haberles vendido sus tierras. De beneficiarse de ciertas ayudas del opresor. De haber traicionado la causa. Zima confiesa que ella antes también veía traidores en todos los palestinos. En los que fueron expulsados durante la catastrófica *nakba* de 1948 —cuya conmemoración, el mismo día de la independencia israelí, está censurada—. En los que negociaron la paz para mantener sus casas. Los drusos, por ejemplo, dice Zima, que además de ser muy guapos (los ojos le brillan cuando dice esto) solo se casan entre ellos, y mantienen un libro secreto que nadie más puede leer. Lo mismo los beduinos, también negociaron. Mientras lava los platos y las ollas y los tantos vasos sucios del día, Zima dice haber comprendido con el tiempo que su familia no había traicionado: permanecer es seguir marcando la presencia de una ciudadanía palestina que los israelíes intentan negar. Yo soy parte de una minoría oprimida, yo soy una palestina-48, anuncia, y aquí comienza mi mareo numerológico. Si los palestinos-48 son los que se quedaron, ¿cómo se les llama a los que partieron? Todos los que se han ido reciben el nombre de refugiados, dice, y mantienen un estatuto intermedio: no pueden adquirir ciudadanía extranjera sin perder su derecho a regresar, pero si no regresan estarán para siempre en un limbo. Ese limbo de pobreza y represión donde cunden las promesas de libertad a cambio de violencia. ¿Y los palestinos-67 quiénes son entonces, los que se quedaron o los que fueron expulsados en la guerra de los Seis Días? Los que quedaron dentro de la zona anexada por Israel en 1967. Espero que Zima termine la lavada para preguntar qué serían mis abuelos. Zima se queda un momento pensando. Dentro de este contexto…, carraspea, empezando a secar los vasos, esos palestinos… no sé si cuentan. No sé si existen… Ya pasó un siglo, me dice, dubitativa, ¡pero debe haber alguna categoría! A lo mejor califican como refugiados a secas. No, Zima, le digo yo, contrariada por esta palabra. Considerar a mis abuelos como refugiados sería trivializar una condición completamente adversa, unas vidas desplazadas y obligadas a no renunciar nunca. Es cierto, dice Zima, pero importa no olvidar que la palestina es la comunidad de refugiados más grande del mundo. Y que la condición de refugiados para los palestinos y solo para ellos, o nosotros, es hereditaria. Importa sostener esta herencia no porque todos lo pasen mal, sino porque han sido desplazados por circunstancias históricas.

Lo que importa es no perder la posibilidad del regreso. Reivindicarlo. Decidir volver y quedarse…, dice, intensificando la mirada sobre mí. Y se arregla una mecha crespa detrás de la oreja, Zima, y yo me arreglo la mía como frente a un espejo. Me imagino diciendo las mismas palabras si me hubiera tocado nacer en esta esquina violentada del mundo. Porque mi vida pudo ser esta. Con o sin hijos. Con o sin tierras. O armas.

muros de gaza

«Gaza es una gran cárcel al aire libre, rodeada de muros de concreto alternados con torretas y alambres enrollados y vigilada por aire, mar y tierra. El territorio más densamente poblado del mundo, y muy pobre», contestó Ankar en un mensaje de febrero cuando le pregunté por la posibilidad de entrar en esa ciudad. «Es prácticamente imposible, a menos que vengas con un permiso especial de una misión internacional con lealtad probada a Israel, o a menos que tengas muchos contactos en el Ejército, afuera, y un pariente enfermo en riesgo de muerte, adentro. Las flotillas con activistas de todo el mundo son una de las dos únicas formas de entrar y de llevar comida, medicinas o materiales de construcción (aunque se corre el riesgo de un ataque del Ejército israelí, que es casi como un ataque de Dios mismo). La otra forma es ir a El Cairo, viajar hasta el borde, por el desierto, y pasar corriendo por un puesto de control. Pero ahí el riesgo se duplica porque hay dos ejércitos no coordinados cuidando la frontera: el egipcio y el israelí. Algunas ONGs grandes con sede en Tel Aviv y nexos con Estados Unidos y no muy de izquierda meten a algunos de sus miembros, pero muy de vez en cuando. Lo de entrar tan pronto y sin disculpa tramitada y sellada lo veo imposible.» No dejé que el mensaje de Ankar me desanimara. Contacté a una representante de Unicef. Que lo olvidara, me dijo en un correo, y me invitó a Ramallah en vez. Una activista italiana me confirmó que se había vuelto «extremadamente difícil y últimamente muy pocos lo logran. Entrar a Gaza por el paso de Rafah es más fácil, pero aun así mucha gente espera por días y tampoco lo consigue». Toqué alguna otra puerta pero Gaza parecía cerrada con candado. La llave se la había tragado Israel y estaba bombardeando a los palestinos atrapados en su interior. Bombardeándolos otra vez: en una intensificación de su política de lento estrangulamiento ahora les lanzaba toneladas de muerte. Era como si se empeñara en limpiar el terreno antes de abrir la cárcel. Como si fuera necesario cerrar la entrada para que nadie viera el horror de la vida y de la muerte entre sus muros. Iba a ser tarde después, pensé, cuando ya no quedara nada, cuando ya no hubiera nadie para contar cómo había sido resistir ahí dentro.

a quién temerle

No deben tener más de veinticinco años y son norteamericanos. Alan es judío. Anne no es más que una activista sin credo religioso pero políticamente comprometida. Ambos trabajan con una tropa de palestinos e israelíes contrarios a la integración que proponen ciertos sectores y a favor de la convivencia entre dos pueblos distintos, donde nadie se vea forzado a renunciar a lo propio ni al derecho de reclamo. Es Zima quien me habla de ellos, Zima quien hace el contacto, Zima quien me despierta esa mañana y me despide con bendiciones islámicas mientras Ankar duerme. Ya no necesito escoltas este viernes que es el último del mes: el día en que los activistas llevan gente a lugares que muy pocos quieren visitar. Una extraña clase de turismo, el del dolor ajeno, que visto de tan cerca acaba volviéndose propio. Antes de partir desde Jerusalén los diez apuntados llenamos una encuesta anónima que repetiremos al final, quién sabe para probar qué tesis o con qué fines estadísticos. Recibimos a continuación una hoja informativa que devolveremos más tarde: el presupuesto es escuálido. Esta hoja es imprescindible: durante el trayecto ellos no podrán hablarnos de lo que hay a los costados de la autopista. Deberemos ubicar, observando y adivinando, los hitos señalados a medida que aparecen en la ruta. Uno: el túnel por el que no pueden circular los palestinos. Dos: el muro de concreto que no solo separa Israel de los territorios sino que además a estos los divide. Tres: los edificios de techo rojo que distinguen a los controvertidos asentamientos de Gush Etzion de las demás casas palestinas. Cuatro: Al-Arroub, el campo de refugiados en la ladera de un cerro, en una curva del camino. Y quinto en la lista: el enorme asentamiento de Kiryat Arba a la entrada de una ciudad palestina que los israelíes llaman Hebrón: nuestro primer destino. En esta autopista solo pueden circular israelíes y en este bus a prueba de balas viajan sobre todo colonos. El inglés no nos sirve de guarida porque muchos colonos han venido de Estados Unidos. (Era originario de Brooklyn, ahora recuerdo, Baruch Goldstein, el colono que en 1994 ametralló por la espalda a 29 palestinos mientras rezaban y fue asesinado después a golpes por los sobrevivientes.) Es con esos colonos israelíes o *made in USA* que nos bajamos en una parada desierta. Ha estado lloviendo a cántaros y yo me he olvidado del paraguas. Me sumo a los otros nueve seudo turistas para protegerme de la lluvia mientras recibimos una breve reseña de los acontecimientos históricos en esta zona. Esperamos que escampe un poco pero no escampa nada y no podemos perder más tiempo. Nos internamos en descenso por un camino de tierra resbalosa. El Ejército israelí desciende también veloz en sus tanquetas, levantando agua y barro a nuestro alrededor. Un soldado de carabina nos hace señas desde el último piso de un edificio a medio construir: el hormigón pelado, los fierros desnudos, el soldado encima. Nos lanza gritos y bracea en el aire pero nuestros guías no se detienen y yo apuro el paso alarmada. Metros más adelante nos sale al encuentro una tropa de niños árabes gritando frases que tampoco entiendo. A quién hay que temerle aquí, le pregunto a Anne cuando por fin la alcanzo: a los palestinos o al Ejército. Bajando la voz y dirigiéndola hacia mí retruca una pregunta seguida de una respuesta: ¿Para tu seguridad inmediata? A los colonos.

hebrón no tiene nombre

Otra ciudad dividida en territorio y en nombre: Al Jalil o Hebrón. En el único puesto árabe abierto nos ofrecen alero para la lluvia y té hirviendo. Nos sentamos a escuchar a un musulmán autorizado a mostrar la parte vieja de esta ciudad administrada por Israel. Nuestro guía habla con acento y entre sorbos de té pero se hace difícil seguir lo que dice porque la estentórea recitación del Corán que proviene de la torre de la mezquita de Ibrahim o Abraham solapa su voz. También él pierde alguna vez el hilo: lo distrae el imperioso llamado de *Allah* por parlante. Se avecina el tiempo de la oración, dice, y apura las palabras en breves jaculatorias. Bajo la melodía de la convivencia pacífica que nuestro guía predica van surgiendo datos perturbadores. Hay cinco asentamientos en vías de unirse bajo el amparo del Ejército israelí. Y aunque hay apenas quinientos colonos entre doscientos cincuenta mil palestinos, estos tienen todo el poder. En el caso imaginario de que un colono y un palestino se lanzaran mutuamente una piedra, el colono respondería ante la ley civil mientras que el palestino sería juzgado como *terrorista*. El Ejército apresaría al palestino pero no al colono, porque al colono tendría que arrestarlo la policía y aquí no hay policía. Solo hay Ejército. Solo soldados. Cuatro por cada colono: para protegerlos. Colonos y militares mandan en la zona vieja, y la tienen paralizada para los palestinos. Fíjense en el vacío de la ciudad, dice el guía. No hay nadie. No se los ve nunca, a los colonos, pero se imponen sobre nosotros. El guía se levanta de la silla para indicarnos lo que pronto vamos a verificar: que las calles son rutas estériles: están cerradas para los palestinos. Ir, para ellos, de una esquina a otra, puede implicar un desvío de doce kilómetros y de horas de detenciones arbitrarias. Vacío quedó también el mercado: antes callejuelas atestadas de gente, ahora callejones desiertos, una sucesión de puestos tapiados y asegurados con cadenas. Para prevenir ataques, advierte el guía y luego agrega, con solemnidad: eso es lo que dicen los israelíes. Nos levantamos de las sillas, dejamos los vasos ya sin té. Dejamos atrás al guía y empiezan las comprobaciones. Subimos por la ladera que usan los veinticinco palestinos que todavía viven aquí. A falta de permiso para andar por las calles y porque las entradas de sus casas han sido clausuradas, deben transitar por los techos o treparse por las ventanas de atrás para entrar a sus hogares. Arriba, por la gravilla resbaladiza y escalones rotos, seguimos nosotros el camino. Abajo va quedando la calle pavimentada y abierta a los colonos. La voz de *Allah* ya no se oye cuando llegamos al cementerio ahora atravesado por un trazado de tierra. Por el cierre de las calles y el aumento de los controles, esos escasos palestinos están obligados a atravesar el camposanto. Cortarlo en dos, caminar sobre sus muertos: una enorme falta de respeto para los musulmanes, según explica Alan. Una forma de profanación, añade Anne. Y es por esta parte del sendero que se hacen visibles púas, banderas, cámaras. Alan nos indica que allá, en el búnker que corona el asentamiento Tel Rumeida, vive el colono más extremo, uno que en su auto lleva un cartel concitando el odio e incitando a la violencia: «Yo maté a un árabe, ¿y tú?» Esta es también la zona donde se despliegan las pintadas que pronto nos señalan. Pintadas legibles para nosotros, los seudo turistas, que compartimos el inglés como lengua franca. En los territorios ocupados, dice Anne, esa lengua extranjera es lo único que todos, nosotros y ellos, tenemos en común. Nos detenemos ante uno, y yo leo, perpleja como todos, la línea anotada por sobrevivientes-del-holocausto o por sus hijos o sus nietos: «Árabes a las cámaras de gas».

despertar

Es por la parte todavía palestina de la dividida Al Jalil que nos vendrán a buscar. Mientras esperamos la camioneta se larga de nuevo a llover. Me arrimo al paraguas de Alan. A esta distancia es difícil no distraerse con el largo asombroso de sus pestañas rubias, con sus ojos brillosos. Aprovecho esa cercanía para preguntarle por qué está aquí, cómo llegó a esto. Abre los ojos aún más grandes y me dice, con resignación, que él, antes, fue sionista. Sionista, repito mentalmente y luego en voz alta. Sionista. ¿Qué clase de sionista?, le digo sin salir de mi asombro. Sionista de esos que quieren expulsar a todos los palestinos de sus tierras, de los que creen que Dios les ha otorgado derecho exclusivo sobre ellas. Nos quedamos en silencio mirando las gotas finas como alfileres hundiéndose en los charcos. Alan sonríe algo incómodo y enciende un cigarrillo. Fui educado de esa manera, en Chicago, y desde lejos esas convicciones eran fáciles. Pero vine a Israel, y vi lo que estaba pasando, y entonces desperté.

el novio disidente

Comparto el asiento con Una, que ha venido a este tur tan sola como yo. Una llegó hace un año para enseñar inglés y se quedó porque Israel le ofrece oportunidades que no tuvo en Estados Unidos. Oportunidades, dice, y sonriendo incómoda agrega: ansiedades y ocupación. Hay situaciones de injusticia en todos los lugares del mundo, dice, como si yo estuviera pidiéndole explicaciones. Aquí, por lo menos, se habla de *eso* siempre. No hay forma de abstraerse. Y la situación te obliga a definir posiciones. Y cuál es la tuya, pregunto, por preguntarle algo a Una. Es mejor evitar suponer posiciones ajenas. Pero Una no tiene una posición aséptica ni del todo propia; sufre, alega, una suerte de contagio ideológico. Es su novio el que nació aquí. Su novio el renegado del servicio militar. Una no está segura: el activista es el novio, no ella. Una dilucida la posición del novio. Él podía haberse inventado alguna excusa, algún impedimento físico, dice Una, podría haber alegado estar mal de la cabeza. Es lo que los renegados suelen hacer para evitar el servicio, pero no él. Se negó al servicio arguyendo que no *podía* hacerlo. No dijo: no quiero, sino: no puedo. Un objetor de conciencia, pienso, reduciendo su larga explicación a una categoría, mientras Una agrega que el tiempo que él debía estar en el Ejército se lo pasó en los tribunales defendiendo su desobediencia. En la universidad armó una coalición con árabes que terminaron siendo sus mejores amigos; cuando yo lo conocí, sigue Una, él estaba tan involucrado que no había espacio en su vida para nada más. Incluso emocionalmente. ¿Por remordimiento?, pregunto, pero mi pregunta a Una suena acusatoria. Mucho, mucho remordimiento, dice ella, pensativa, y se queda un momento mirando el paisaje empañado, la opaca ventana que luego procede a limpiar con el borde de su manga. Para él era muy difícil lidiar con esta situación de injusticia, dice después, insistiendo siempre en el tiempo del pasado. Y él no me lo dice, sigue Una pasando al presente, pero sabe que solo yéndose de aquí podría recuperar una parte de sí mismo. Porque, continúa ella, pensando en él, prisionera ella de una trama prestada que se ha vuelto propia, ¿qué pasa si quieres dejar de estar todo el tiempo en lo político?, ¿si quieres hacer otras cosas, simplemente vivir un poco, simplemente tener una vida?

llave en gira

La llave anda de gira por el mundo. Es la llave de una puerta, de una casa, de una aldea, de una ciudad, de toda una gente. Una llave enorme para la que no existe cerradura. Es el símbolo del derecho al regreso, anuncia Anne junto al cartel desprovisto de su objeto en la plaza del campamento Aida. Mucha de la gente que se vio forzada a partir en la *nakba* todavía tiene la llave original de sus casas así como tantos judíos expulsados de España en 1492, que en el calendario hebreo era el año 5252, guardaron las suyas para no olvidar que había una casa, una aldea, una ciudad, un aire suyo que también les fue arrebatado. Una manera de hablar la lengua antes de partir. La expulsión de España primero, de Europa después, acabó infligiéndose en los palestinos. Todavía guardan llaves oxidadas. Aunque la casa y la puerta y la cerradura hayan desaparecido. Aunque la propiedad del suelo les haya sido cancelada. Pero de la enorme llave plateada que es símbolo de la diáspora palestina solo queda el gancho que la sostenía, y el cartel. Nadie sabe decirnos cuándo regresará a su entorno de concreto y techos de zinc, junto a los murales pintados por Banksy y otros grafiteros de fama internacional. Cuándo regresará a estas calles ahora lúgubres. No en esta tarde que gotea, no en esta noche que nos cae lentamente encima mientras brilla, la llave, por su ausencia.

tirar y aflojar

Demasiado oscuro y demasiados charcos y demasiado lejos a esta hora para regresar caminando de la estación a Jaffa. No hay buses y cuando digo Yafo los taxistas se me alejan. Es viernes y los viernes ellos no se animan a acarrear a una sola pasajera. Mejor sumar gente, pasar de taxi a colectivo. Esperamos a otros viajeros con el motor andando pero nadie quiere venir conmigo. El hombre-de-la-kipá acepta por fin llevarme aunque sea sola. De todos modos ya se iba, dice, es viernes, quiere llegar a comer con su familia. En la luz roja me pregunta qué hago yo en Yafo y qué me parece. Me gusta mucho Yafo, contesto, aunque la palabra que modulo por dentro es Jaffa. He regresado de Hebrón infectada por el mal de la disputa, tentada a tirar de esa vocal para evitar que se aflojen mis convicciones en la cordialidad de un intercambio con el taxista. Él dice, como hablándose a sí mismo, que no le entusiasma venir a Yafo. A ninguno de los taxis; no nos gustan los árabes, dice, sombrío, asombrosamente franco, y a los árabes no les gustan los judíos. Tiro y aflojo la cuerda de las letras sintiendo que en ese instante, oyéndolo sincerarse, me lleno de acritud. Mis palabras salen con hastío. No se gustarán pero no les queda más opción que convivir porque nadie se va a ir de aquí. Convivir o terminar de matarse los unos a los otros. Llenarse las manos de sangre. Aflojo y me callo. El hombre-de-la-kipá-negra no dice nada, ni siquiera parece respirar ahora y una vena late con tanta fuerza en mi cuello que por un momento pienso que voy a ahogarme. Y es quizás por esa vena o la falta de aire o la oscuridad y el cansancio que dejo de reconocer las calles. No sé dónde estoy. No sé si este hombre me está dando la vuelta y no sé por qué no tengo miedo. Acaso porque él sabe que no soy de aquí y yo sé que la extranjería me ampara. Acaso porque por más que no le gusten los árabes él no es un colono ni es un militar. Acaso porque estamos en una ciudad israelí y no en la tierra sin ley de la ocupación. No es miedo lo que siento pero tampoco entiendo qué debería sentir en esta oscuridad. Me animo a preguntar, parcamente, dónde estamos. ¿No dijo que le gustaba Yafo de noche? ¿No pidió que la trajera a Yafo? ¡Estamos en Yafo! En Jaffa, me digo, agarrándome de esa cuerda y tirando de nuevo con fuerza. En Jaffa, pero me contengo para no enrostrarle esta palabra a este hombre que en este momento se da vuelta y me ve la cara y me lanza una orden. *Smile!*, me dice, como si la edad le diera derecho a decirme qué debo hacer. *Smile. Here. Your house in Yafo.* Detiene el auto frente al número de Ankar y me cobra cincuenta shekels. Cincuenta porque me trajo a mí sola y porque se alejó tres cuadras de alguna frontera de barrio que desconozco. El precio es treinta, le recuerdo, no cincuenta. Usted dijo treinta y eso es lo que le voy a pagar. Eso le digo abriendo la cartera en busca de los shekels. Ahora a él se le borra la sonrisa. Le extiendo la plata pero él la rechaza. Que me baje, dice. Que no le pague nada y me baje de inmediato. Mire, le hablo sin perder la voz. Quedamos en treinta, y yo tengo esos treinta para dárselos. Usted decide. Tengo la mano estirada, los billetes entre los dedos, a su alcance. El taxista los toma y ya no dice nada. Cierro la puerta y me asomo a la ventana del copiloto para decirle que cambie la cara, que sonría.

vecinos judíos

Esa noche la puerta está abierta. La sala a oscuras y en silencio. Me tiendo en el sillón sin sacarme la ropa y cierro los ojos pero estoy tan cansada y tan agitada y tan conmovida que no puedo dormir. No quiero dormir. Se acaba el tiempo. Mañana llenaré mi minúscula maleta de vidas que ahora me pesan pero que no puedo dejar atrás. Mañana o pasado regresaré a la tranquilidad de mi sillón a escribir sobre la intranquilidad de Palestina. Sobre la calma de mi incompleta historia familiar. Sobre la serenidad de mi edificio rodeado de judíos ortodoxos —con cachirulos los hombres, con pelucas y largos vestidos negros las mujeres—, sobre la aprensión que me provoca la concurrida sinagoga de mi esquina vigilada por policías neoyorquinos. Mi calle cada vez más poblada por esa comunidad que se ha ido multiplicando a mi alrededor, la universidad judía a unas cuadras, la escuelita hebrea que bordeo cada mañana rumbo al metro, los ruidosos niños-de-la-kipá que aprenderán inglés y hebreo y quién sabe si otras lenguas y los vecinos judíos que conozco hace años y a los que les he oído algunos trozos de sus pasados. Con los ojos cerrados pienso en la vieja Aviva que está por morir mientras la recuerdo: ella logró salvar la vida junto a sus padres en un campo de concentración. Antes de perder, hace poco, la cabeza, me confesó que prefería no ir a visitar a su nuera. Demasiados hijos. Demasiadas reglas religiosas que ella, Aviva, se negaba a obedecer. Me pongo peluca porque no me queda pelo, dijo la última vez que se asomó a mi departamento, y sonrió con alevosía. Pienso también en la vieja Moriah, en la esquina opuesta del pasillo: aún más vieja pero todavía en pie: ella desciende de rusos escapados de los pogromos. Moriah nunca siguió ningún protocolo y es radicalmente liberal. No solo en lo político. Moriah se casó cuatro veces, la última eligió a un negro. Ella lo dice así: soy viuda de un negro que no llegó a ser el amor de mi vida. Y se ríe con todo el cuerpo, su melena rojiza vibrando en cada carcajada. Moriah es quien nos guarda el correo y nos recoge los paquetes cuando no estamos y nos deja sobre el limpiapiés las revistas literarias a las que está suscrita cuando termina de leerlas. Mi memoria de mañana se mueve ahora hacia la puerta del rabino contrario a la existencia de Israel porque lee literalmente la Torá, y la escritura sagrada ordena que Israel solo podrá existir cuando regrese el Mesías. Israel, para este vecino, constituye un anacronismo y una herejía. (Alguna vez mi padre se detuvo ante las calcomanías que había pegado en su puerta. Calcomanías contra el Estado israelí. Me las leyó en voz alta, asombrado, mi padre. Quién es este personaje, preguntó. Uno que no me mira porque mi pelo suelto es ofensivo a Dios, le dije, y lo empujé por el pasillo sin darle más explicaciones.) Cuando nos topamos en el ascensor el rabino no me contesta el saludo, se hunde sutilmente en su esquina y bajo su sombrero negro por si yo estuviera menstruando. Otra vez mañana antes de emprender el regreso pensaré en este hombre que aparece tan de tarde en tarde, vestido de riguroso negro, con el correo acumulado bajo el brazo y grandes maletas que deja abiertas por días en el pasillo comunitario, y me preguntaré qué piensa de la situación palestina, me preguntaré si el rabino se habrá fijado en mi apellido, si sospechará de dónde viene mi Meruane inventado, si reconocerá la sombra semita en mis ojeras.

volverse

Zima le canta a sus hijos cada noche para dormirlos. Es un murmullo encantador del que ellos no pueden prescindir. Un murmullo en árabe, porque esa es la lengua en que ella le habla siempre a sus hijos. Qué es lo que les cantas, pregunto, tarareando suavemente su melodía. Versículos del Corán, contesta Zima, para que se relajen y se duerman, aunque a veces la que se duerme soy yo. Ella sonríe antes de partir a su dormitorio. A las diez de esta última noche lo que hay en esta casa es una familia árabe dormida, y silencio. Ankar, que sufre de insomnio, aparece sigiloso cerrando una puerta y me invita con un gesto. A dar una vuelta de despedida por la noche para terminar este viaje como empezó. En la oscuridad. En el puerto desolado. Repasando las contradicciones. Dejamos atrás el quiosco del barrio mientras Ankar me dice que ha decidido quedarse aquí para no perderla: Zima no podría vivir en ningún otro lugar. Brindaremos por ella y por la decisión de él, Ankar y yo oprimidos por la soledad de ese bar de domingo en ese barrio musulmán. Es una decisión política, también, la de quedarse, le digo casi sin decirlo, casi sin aliento. Mirando mi copa vacía le murmuro: Yo no sé si he vuelto. No sé si nunca pueda. Ankar levanta su copa, me mira a través del cristal con ojos que arrullan, y como tarareando un versículo indescifrable contesta, muy despacio, disintiendo con la cabeza: No digas nunca que no vuelves, Meruane, que sí vuelves. Vuelves pronto.

NUEVA YORK, 2013

Versiones abreviadas de «Volverse Palestina» se fueron publicando en distintos medios. Mientras escribía una de esas versiones llamé a Jaser. En los últimos meses había marcado alguna vez su teléfono para pedirle que me llevara al aeropuerto y para tratar con él cuestiones palestinas. Pero entonces atendió una voz que no era suya. Dijo, esa voz, que el número no correspondía a ningún Jaser. Recordé el mandato proferido por el taxista. Me pregunté si habría decidido regresar.

VOLVERNOS OTROS

A Alia Trabucco Zerán y Tali Feld Gleiser,
acompañando el retorno

Una sociedad en crisis forja, para sí misma, un nuevo
vocabulario usando palabras que ya no describen la
realidad sino que intentan ocultarla.

DAVID GROSSMAN

palabras izadas

Regreso a los territorios ocupados un año más tarde, en un viaje de lectura, acompañada por los escritos de otros. Desde que me propuse la crónica de mis días palestinos comprendí que hacerlo implicaría internarme por una ruta llena de obstáculos. Supe, a medida que avanzaba, que no bastaba con visitar el presente. Hacía falta regresar a los planteamientos del pasado y a las vicisitudes del lenguaje que sirvió para armar esta historia. Vi que era necesario sondear los usos del lenguaje en situaciones de conflicto. Regresar a su utilización política. A sus ocasionales posibilidades redentoras. A su frecuente fracaso en el relato de la verdad. A medida que me internaba en la lectura me sumergía en las arenas movedizas del recuento histórico. Bajo esas arenas contradictorias yace enterrada la realidad, me recordé, pero la escritura zozobra cada vez que se emprende el delicado acto de otorgarle nombre. Las palabras son la escurridiza sustancia del mundo que imaginamos, me dije, contrariada entre libros abiertos y periódicos deshechos. Eran palabras elegidas, volví a decirme, mientras dibujaba círculos rojos alrededor de algunas, mientras las extraía de esos libros y las anotaba en mi cuaderno. Palabras puestas a trabajar en un relato deliberado que a veces iluminaba pero a menudo encubría lo que estaba ocurriendo por detrás. Con aprendida desconfianza emprendo, entonces, otra vez por mano propia, la lenta glosa del lenguaje de este conflicto. Con la convicción de que cada palabra es una bandera izada que entrega señales para entendidos y señuelos para incautos. Desde esta certeza se vuelve imperativo que me detenga en cada una y la abra con cuidado, que examine su interior y sus alrededores, que intente comprender qué dolores portan, qué olvidos. Son tenaces, sin embargo, las palabras de la confrontación entre israelíes y palestinos. Se han endurecido en las necesidades del ataque y la defensa y la justificación. Van envueltas en una armadura y han perdido el alma: son palabras con profundas secuelas que se resisten a la entera exhibición. Hay que estallar sus metales, pienso. Buscar entre los escombros sus esquirlas y volver a leerlas, ya hechas trizas, imaginando qué clase de heridas producen sus descargas aun cuando nos llenen de indignación, de asombro, de silencio.

un silencio impermeable

Una por una sus ocho letras, a lápiz, en el borde de una página: s i l e n c i o. La afilada punta del grafito rasgando la superficie de papel barato que ya empezaba a oxidarse mientras yo separaba los pedazos de esa palabra en mi cuaderno de notas palestinas. S i l e n c i o quedó colgando de la hoja como un recordatorio que costaría transcribir después. Ahora. Antes. El silencio de las calles vacías y del mercado tapiado cuando se acallaron los llamados a la plegaria y nuestro guía nos abandonó. La mudez de los militares que nos vieron encaramarnos a Hebrón, que es Al Jalil, para ir tras los pasos y las casas deshabitadas de los palestinos. El hilo inaudible de mi respiración sacudida por el descenso de la loma y el silencio detrás de esos muros, de esas ventanas amordazadas por tablones. En el cementerio abandonado, un silencio espeso colándose entre las ramas de los viejos olivos que quedaban todavía en pie. Silencio entre los escombros de barrios hundidos a la vera de los caminos para evitar el retorno de sus habitantes. Silencio de patios. Juguetes enterrados. Vuelvo a subrayar la palabra silencio detenida en puertas que todavía permanecen en pie en los lugares del destierro. Silencio acumulándose por los pasillos de la casa clausurada de mi abuelo después de su muerte, después del incendio, del terremoto. Llaves que nadie guardó, que ya no tintinean entre los dedos. Todas ruinas mudas de la historia palestina: los objetos caídos en desuso que urden nuestros olvidos y la necesidad de recordar. Las letras del s i l e n c i o dispersas sobre la hoja de papel, el repaso de la ese con el lápiz mientras vuelvo a la tarde de garúa sobre la ciudad dividida y pienso que silencio es una palabra impermeable.

la memoria del ruido

Todos esos silencios vuelven ahora pero estoy segura de que debió de haber un bullicio incesante antes del desalojo y ecos en las c a s a s a r r a s a d a s que anoté, a grafito, letra por letra, sobre otra página. El recuerdo salta de esas casas solas a esas otras casas desaparecidas, a mi casa chilena vuelta tienda de alfombras, y a mi casa que no es casa sino un pequeño departamento neoyorquino sobre una calle tomada por una populosa comunidad judía-americana. Salta, la memoria, a una tarde de invierno después de regresar yo de mi viaje. Nubes bajas en el cielo de Manhattan. Persianas manchadas por la lluvia. Tazones desperdigados sobre la mesa con el café pegado al fondo que reemplazaré por tazas de té humeante. Migas de pan sobre un plato que limpiaré para poner encima galletitas. El timbre de la puerta y la vieja Moriah que entra con su bastón y una bolsa llena de revistas literarias ya leídas. Se deja caer, tan alta como es, en el sillón; se acomoda los pantalones y dice qué *lovely*, y pasa a contarme completa la historia de su madre, judía-rusa-de-la-diáspora. Quiero escuchar su relato y ahí está Moriah diciéndome que los pogromos de los que su madre había escapado venían precedidos de ruido. Herraduras contra el empedrado. Vidrios hechos trizas. Golpes duros contra los portones de madera. Solo después se descargaba el silencio: eso dijo Moriah recordando un recuerdo que era de su madre. Un recuerdo en yiddish, lengua muerta de la que Moriah todavía es hablante. Y dijo también que su madre siguió sufriendo para siempre la memoria de esos ruidos. Cuando los carromatos de la leche se acercaban en las madrugadas del Bronx de los años veinte, la madre empezaba a temblar: el castañeteo de las herraduras la llevaba de vuelta al miedo, y al duro silencio que caía después dentro de la noche rusa. Los vecinos no encendían ni una vela, se negaban a asomarse por las ventanas y atestiguar la violencia. No ofrecían ayuda, ni siquiera se atrevían al cuchicheo. El silencio pesaba sobre ellos entonces como pesa ahora en las calles de Hebrón: un silencio que no es el reverso del ruido sino un hilo sutil que atraviesa diversas formas de exterminio. Pero pienso, enseguida imaginando otra escena, que tampoco se prendieron las luces cuando comenzaron los ataques a los guetos alemanes. Nadie se opuso a los campos de concentración por los que pasó mi otra vieja vecina, de niña. Aviva, la que ha sobrevivido otro año mientras yo sigo escribiendo en el departamento contiguo. Aviva ya no sabe quién soy y no puede venir a tomar el té para completar esa historia que yo solo sé a medias, esa historia de horribles silencios que ella ya ha olvidado. Debieron ser también lugares llenos de gritos, de gemidos ahogados, de órdenes y lamentos; lugares llenos, después, del ensordecedor vacío dejado por el gas. Moriah se despide y yo me quedo pensando en los rusos y en los nazis, que antes de perpetrar sus atrocidades habían establecido una manera de hablar sobre los judíos, una manera de pensarlos como un *problema a e l i m i n a r.* Se escudaron durante la guerra en un sigilo que solo la denuncia de decenas de hombres y mujeres destruiría. A punta de palabras. Después. La profusa escritura posterior al genocidio rebatiría la idea de que escribir el holocausto, como dijo Theodor Adorno, sentencioso, era nada menos que un acto de barbarie. Era embellecer el horror. Era inscribir el mal en el relato posible de lo humano. Al lapidario llamado del filósofo a suspender la palabra (llamado del que luego se retractaría) se opuso de inmediato y de manera contundente la escritura de una poesía decidida a nombrar la ausencia. Desde entonces, ya sin interrupción, hubo novelas sobre inquisidores y pogromos y cámaras crematorias, sobre cadáveres con la piel pegada a los huesos y esqueletos por millones cubiertos por basurales. Y sobre pueblos enteros que todavía niegan la existencia de sus vecinos judíos para evitar que les quiten las casas donde viven. Escritos de la sobrevivencia, de la desesperada búsqueda de un h o g a r   s e g u r o fuera de Europa. Ensayos que ahondaron en el ensañamiento antisemita y en la eficiente banalidad del mal que lo desmiente. Y crónicas y testimonios que documentaron la tragedia y realizaron la más poderosa puesta en memoria que se conozca de una aberración inhumana como aquella. Una escritura sin pausa para combatir la complicidad de los discursos y de los silencios que se impusieron alrededor del espanto. La escritura de lo visto, con las imágenes hiriendo la memoria como garantía de lo cierto. Escribir desde lo visto para contrarrestar el olvido.

un hombre literal

Este es otro vecino con el que quisiera entablar una conversación sobre el holocausto pero él solo una vez en toda una década me ha dirigido la palabra: necesitaba consultar el diario pero Moriah no le había dejado, como solía, el periódico sobre el limpiapiés. Acababa de morir una investigadora amiga suya y quería recortar el artículo que se le dedicaba en el *New York Times*. Sonrió cuando le regalé nuestro ejemplar. Gracias, dijo él; de nada, dije yo y le sonreí preguntándome si volvería a hablarme después de haber tendido ese puente de papel y de palabras entre nosotros. Retomó su costumbre de ignorarme y yo dejé de detenerme frente a su departamento: su puerta había perdido todo interés desde que se le exigió quitar la propaganda antisionista. Desde entonces se volvió aún más retraído. Solo sé cuándo está por sus maletas abiertas en el pasillo. Una tarde, sin embargo, veo que el conserje introduce la llave por su puerta y me pregunto si habrá pasado algo. Me había olvidado de regarle las plantas al rabino, dice el conserje, en castellano, anda de viaje y me las dejó encargadas. Espero que no se hayan secado... Entra, me invita el conserje sin saber lo que me está ofreciendo. Pero cuidado, advierte, este departamento es un peligro. Es un *fire hazard*, puntúa en un giro al inglés-peruano. En cuanto entro comprendo a qué se refiere: es la cantidad de papel lo que le inquieta. Asombra el número de carteles escritos en hebreo o en yiddish pegados uno junto al otro sobre todas las paredes, techo incluido. Hay anuncios en todas las lenguas del rabino que asoman también por los rincones: largas lenguas llenas de palabras que importa no trastocar. Y no son solo textos, hay recortes de personas y de animales sacados de revistas que lo empapelan todo. Me detengo bajo la foto de un tigre que me parece incomprensible en el techo de esa sala agobiante. Este hombre viaja mucho, dice el amable conserje de vuelta al castellano, como si quisiera explicarlo o disculparlo al ver mi expresión estupefacta, mis ojos que ahora se clavan en el borde de otra pared. Es el triángulo rojo y las franjas verde-blanca-negra de una enorme bandera palestina. Qué hace en este lugar tan prominente esta bandera, flanqueada por rumas de libros empastados que parecen equilibrarse en todas las posiciones. Cientos o miles de viejos libros como si fueran paredes adicionales en ese departamento que extrañamente no huele a nada, ni siquiera a papel. Mira esto, me dice el conserje, mostrándome el baño. La tina llena de volúmenes antiguos y de pilas de papel. El riel de la ducha que carga, en vez de cortina, cientos de colgadores de alambre desnudo. Inútiles perchas de la tintorería. Este hombre es un acaparador, pienso, debe haber crecido en la pobreza del exiliado, sigo pensando, pero luego me corrijo. No es alguien que simplemente junta objetos, porque souvenires en esta casa casi no hay. El rabino es un acumulador de textos, un hombre poseído por las palabras: un hombre literal. El conserje riega las pequeñas plantas. Yo me alejo asaltada por Adorno y su empeño por desechar la escritura obscena e inservible que el rabino ha resuelto atesorar.

usos del holocausto

Todos estos vecinos traen consigo los hilos de la tragedia, portan los nudos del holocausto: su *shoah* no ha concluido.

No ha terminado todavía para nadie. Sigue replicándose, conmoviéndonos, indignándonos: hemos visto las imágenes y nunca podremos olvidarlas. Yo misma lo afirmé en una discusión sobre los usos de la memoria y el imperativo del testimonio. La mujer sentada junto a mí dijo, bajando la voz como si estuviera por pronunciar una indecencia, que, en efecto, era una tragedia que el holocausto hubiera sucedido y continuara sucediendo en la doliente imaginación de los judíos. Pero se ha abusado de la *shoah*, dijo después en un inglés lleno de ecos indios, la lengua percutiendo sobre el paladar: el holocausto les ha servido para justificar demasiados abusos, dijo, la lengua golpeándose con más dureza dentro de su boca. Levanté la vista. Contuve la respiración porque en ese momento la experta en teoría poscolonial invocó las palabras del Mahatma Gandhi: «Ellos no deberían haber pensado jamás en un probable retorno a Palestina por causa de su cruel persecución. El mundo debiera haber sido su hogar.» Ahí termina la cita de Gandhi, puntualizó antes de agregar, parafraseando al líder pacifista, que Palestina le pertenecía a los palestinos de la misma manera que Inglaterra a los ingleses y Francia a los franceses. La mujer me recomendó revisar lo que Gandhi escribió sobre el asunto antes de morir asesinado, el mismo año de la fundación de Israel. Carraspeaba un poco, ella, le costaba alcanzar su conclusión, veía que yo quería interrumpirla para impedir que dijera algo que en muchos círculos resulta inaceptable, pero que ella, refugiada en esa sala de clases y convencida de lo que estaba por decirme, iba a atreverse a pronunciar.

Quiero decir, dijo, que el insistente recordatorio de la *shoah* como un sufrimiento único e incomparable les permitió convencer al mundo de la necesidad de un *hogar* exclusivo para ellos. Quiero decir, agregó, que Europa aprovechó este reclamo para deshacerse de una gente que prefería tener fuera de sus fronteras, y, en alianza con Estados Unidos, que veía con preocupación la masiva llegada de judíos europeos, apoyó la creación del gran gueto que es la nación judía a expensas de los palestinos que carecían de soberanía propia. Los europeos presionaron a los ingleses para que les cedieran las tierras de su protectorado a los sionistas que, pese a las restricciones que se les habían impuesto, estaban ya en plena mudanza. Lo que importa decir, siguió ella, todavía en voz baja y percutiendo, es que muchos judíos-israelíes continúan usando el daño que se les infligió a sus antepasados europeos para justificar ese emprendimiento nacionalista de vocación colonial. Los palestinos reaccionaron cuando comprendieron que serían expropiados una vez más, reaccionaron, como hubiera reaccionado cualquiera, cuando vieron que los británicos traicionaban sus promesas y cedían. Hubo errores de cálculo por parte de la comunidad árabe, sin duda, continuó la mujer, y vi que otros levantaban la mirada hacia ella; sin duda, dijo, las guerras acabaron sirviendo para prolongar y potenciar el discurso de una nación judía agredida y victimizada por sus vecinos. Iban a defenderse de los árabes como si se tratara del regreso de los nazis. Iban a defenderse y a atacar en vez de buscar pactos o pagar indemnizaciones por la expulsión de sus casas... La mujer levantó los ojos hacia mí y esgrimió una mueca entristecida antes de seguirle diciendo a quien quisiera escucharla: porque en el pasado nadie protegió a los judíos del asedio, ahora los israelíes esgrimen la necesidad de una defensa permanente de sus fronteras en constante expansión hacia unos territorios cada vez más recortados. En otras palabras, dijo, su cabeza entrecana hundida entre los hombros, la voz firme, la deuda moral del holocausto, su persistente memoria, su monumentalización en aterradoras fotografías puestas en perpetua circulación, está permitiéndoles a los israelíes repetir el pasado judío en el presente de los palestinos.

después, las atrocidades

Mi cuaderno de notas se ha llenado de palabras con acertijo, de ideas o sentencias de doble sentido que impactan y modifican o anulan ciertos modos del pensamiento. El s i l e n c i o de la página anterior va seguido de fascismo y de holocausto, más allá, dentro de círculos, están la n a k b a y el grueso m u r o. Entre las páginas encuentro esta frase suelta pero poderosa de un sociólogo francés: «El fascismo empieza no con las atrocidades sino como una determinada manera de hablar, de plantear los problemas» (Jean Baubérot). Tres renglones más abajo otra línea de un historiador al que he olvidado ponerle nombre: «En escenarios clásicos de deshumanización, como el de la Alemania-nazi, antes del genocidio se califica al enemigo de rata o de cucaracha... eso permite proceder a las matanzas.» Y una tercera anotación sobre lo que el poeta palestino Mourid Barghouti llama el *verbicidio*: «La simplificación del discurso acaba en fanatismo y fundamentalismo. Aparejado con un sentido de superioridad invencible y de santidad, la simplificación puede ser, como nos enseña la historia, una receta para el fascismo. Es por eso que la retórica del ellos versus nosotros, del con-nosotros o con-el-mal no solo es una manera de hablar, es un acto de guerra.» Las citas coinciden en que a la violencia la precede su formulación verbal. Cuánto tarda, sin embargo, el verbo en volverse acción, me pregunto, pasando la página en busca de respuestas. Hasta ahí llegan las citas. Nada más sobre la malversación de la palabra, sus efectos, sus plazos. Nada sobre los modos en que el discurso engendra, normaliza y legitima la práctica de la violencia ni sobre el amparo institucional de la injuria. Los escritores-sobrevivientes-del-holocausto, los escritores-activistas-israelíes, deberían haber reflexionado sobre el torcido devenir de las palabras en situaciones de crisis, me digo, encaminándome, cuaderno bajo el brazo, a la biblioteca de la universidad. Los intelectuales israelíes deben de haberse detenido en estas paradojas del discurso donde la letra, lejos de liberar, facilita la subyugación. Sospecho que debieron fijarse en el riesgo de que las víctimas del pasado aprendan a usar la experiencia como justificación de sus atrocidades al convertirse en los vencedores del presente. Eso me digo, esperando el ascensor que me llevará hacia la sección de sus libros; eso me repito apretando el octavo piso, sumiéndome en la desconfianza hacia el lenguaje en el que tantos escritores han depositado su confianza, ciegamente.

repetir y repetir

En una compilación de ensayos el ya viejo Amos Oz consigna, aunque escuetamente, que la conversión de las víctimas en victimarios ha dejado de ser simplemente una posibilidad. El lenguaje otorga las facilidades del olvido y de la justificación en el pasado para invertir los papeles: «El ocupado se convierte en ocupante y el oprimido en opresor» y así «la victima de ayer puede fácilmente convertirse en verdugo». Esa es la «triste ironía» de la realidad israelí. Pero es, a mi juicio, mucho más que solo triste. Es asombroso que sean los propios herederos del holocausto quienes hayan elegido olvidar lo que fue vivir y morir en el lugar del oprimido, lo que significó: el desprecio y la constante humillación, la consiguiente suspensión de sus derechos ciudadanos y humanos, su conversión en enemigos, en seres indeseables, menos que animales, escoria. Esas palabras inhumanas hicieron posible lo impensable: el genocidio. No es entonces una simple ironía. Es una irresponsabilidad histórica inaceptable y estremecedora que ellos elijan no ver, o peor, elijan repetir esa fórmula discriminatoria sobre los palestinos. Aquel *Arabs, niggers of the desert*, en grueso aerosol negro, pintado sobre sus mercados y las paredes de sus casas no son solo palabras. Son llamados a la acción que vienen desde un tiempo que quisiéramos olvidar. Son los colonos quienes la vuelven a poner en circulación cuando escriben, por mano propia, *Arabs to the gas chambers*. Ese reemplazo de sustantivos hace de los árabes las víctimas de un genocidio pasado, y conecta, paradójicamente, a los sionistas más antiislámicos con el fascismo en el sintético e imperativo *Gas the Arabs!* del presente. Las paredes palestinas son las páginas donde se reescribe el guión del holocausto que los judíos continúan *legítimamente* enrostrándole al mundo como víctimas. Los colonos israelíes, mientras tanto, les aplican los mismos términos a los palestinos en lo que queda de sus territorios. Los atacan con piedras, los insultan y los humillan ante la mirada impasible de los soldados israelíes.

estilos de crueldad

El más temido miembro de la Inteligencia Israelí, parte del equipo del Mossad que capturó a Adolf Eichmann en la Argentina de los años sesenta, y director, veinte años después, de la Shin Bet, declara que «el futuro se ve sombrío. El futuro…», continúa, dubitativo, levantando sus pequeños ojos hacia la cámara, «¿… para dónde va?». Es ahora un jubilado de suave expresión, pero sucesivos directores de los servicios de seguridad interior de Israel lo consideran superior en su dureza. El peor de todos. Avraham Shalom sonríe mientras pasa la yema de sus dedos divagantes sobre los suspensores y tantea una respuesta a su elucubración futurista. «A dónde vamos...», pregunta, y se responde: «A cambiar el carácter de la gente de Israel, ahí nos encaminamos... Porque mandar al Ejército a tantos jóvenes es exponerlos a una evidente paradoja: que el nuestro es un ejército de civiles.» Shalom no necesita aclararle al documentalista a qué se refiere porque trabaja con presupuestos locales: es de todos sabido que la fuerza militar israelí está compuesta por todos los integrantes judíos de la nación. El servicio militar los alcanza a todos: hombres y mujeres quedan mentalmente entrenados y emocionalmente comprometidos para siempre en la edificación de una patria que excluye a quienes no son sus iguales. «Es un ejército», aclara Shalom (su apellido es *paz*), «involucrado en la construcción del país pero es también un ejército de ocupación brutal. Similar al de Alemania en la Segunda Guerra». Hay una pausa, el camarógrafo de *The Gatekeepers* sostiene el primer plano dándole tiempo a matizar (o acaso el director Dror Moreh le pide una aclaración que queda fuera de la versión final). «Similar, dije, no idéntico... Y no me refiero al comportamiento de los alemanes con los judíos. Esa fue una excepción, una circunstancia con características particulares. Me refiero a cómo actuaron con los polacos, los holandeses y los checos, con los belgas. Adquirimos de ellos una característica muy negativa..., y es, me da miedo decirlo...», dice el militar más intransigente del que se tenga recuerdo, «es que nos hemos vuelto crueles. Con nosotros mismos, pero sobre todo con la población palestina».

decir palestino

Dice *p a l e s t i n o* en vez de árabe. Me asombra la aparición de esa palabra elidida en los documentos oficiales israelíes hasta los últimos años del siglo XX. Sé que Golda Meir llegó a afirmar que «no existía tal cosa» como un pueblo palestino. Y no sorprende: la negación de ese apelativo obedecía al esfuerzo sistemático por borrar a esa población del mapa. Que ante la cámara este militar use *población palestina* implica que reconoce a los palestinos como parte de un territorio que judíos, musulmanes y cristianos comparten a disgusto y siguen disputándose sobre el atlas y otros documentos. Nombrar esa geografía, sacarla del territorio de lo imaginario para hacerla propia, no ha dejado de ser un asunto contencioso. Durante mucho tiempo se insistió en que Judea y Samaria debían ser la *única* toponimia legal: Palestina designaba, decían los líderes contrarios a ese nombre, una provincia romana de la que solo se daba cuenta en antiguos mapamundis impresos en papel mientras que Judea remitía simbólicamente al pueblo *elegido* y activaba una memoria histórica. Otros usan territorios *ocupados* soslayando el *palestinos*, o prefieren usar el eufemismo *controlados* o simplemente territorios, evitando el *ocupados*, posibilitando, de paso, la idea de que los únicos habitantes provisorios acaben siendo los originarios. (Pero incluso para quienes queremos sostener la palabra *p a l e s t i n o s*, el lenguaje se ha vuelto escurridizo. ¿Cuánto mejor es el término Cisjordania o West Bank?, se pregunta en un ensayo testimonial

Mourid o Mureed o Murid Barghouti: en ambos el punto de referencia es más-acá-de Jordania o al-oeste-de el río Jordán y ambos borran la palabra palestina. «Cuando Palestina desaparece como palabra también desaparece como Estado, como país y como patria.») ¿Cómo leer entonces que Shalom haya dicho p a l e s t i n o? ¿Como un tropiezo lingüístico? ¿Como la provocación de un judío secular a los ortodoxos que tanto le complicaron sus días de director de la Shin Bet? ¿O es que Shalom es, fuera de su cargo, un hombre moderado y capaz de reconocerles un lugar a los palestinos? Sea como fuere, reponer el nombre al territorio subraya un cierto fallo en la histórica operación de borradura cartográfica, y acentúa, a la vez, el trabajo del eufemismo, el lavado de palabras al que aluden dos valientes periodistas israelíes, Amos Elon y Gideon Levy. A tal punto se ha tergiversado el sentido de las cosas y trastocado el lenguaje, dice Levy, que intentar recuperar el sentido original es como «tratar de volver una omelette a su consistencia anterior, de huevo». La batidora de la distorsión es, en palabras del novelista David Grossman, una forma de reciclaje lingüístico. Grossman, también periodista y escritor-activista, insiste en la necesidad de regresar al diccionario y despercudir los términos. Insiste en recordarnos, a sus lectores, lo que esas palabras en realidad significan (yo las anoto separando bien sus letras, repasando cada curva con mi lápiz bic). La o c u p a c i ó n de los territorios palestinos no es, como algunos quisieran, escribe Grossman, la *liberación* de los israelíes. El término es c o l o n i a l i s m o y no un *establecimiento pacífico* del Estado israelí. Importa no olvidar las palabras i m p e r i a l i s m o   y   c o n q u i s t a que desaparecieron del habla bajo la fuerza de la redención prometida. Elegir o c u p a c i ó n y no *establecimiento pacífico de la libertad* es, sin embargo, tan incorrecto en ciertos círculos como decir p a l e s t i n o en vez de elidirlo. Indica una posición en el plano ideológico del conflicto. Es por eso que *pueblo palestino* sorprende en los labios de Shalom, que sin duda conoce todas las formas del reciclaje. Sabe que *refugiados* es la expresión-trinchera donde caben cinco millones de palestinos. Que *gente de los campamentos* es otro parapeto de la lengua. Y *árabes*, el gentilicio genérico que les niega su particularidad y la suprime reemplazándola por la imprecisión geográfica o la indistinción étnica. En la batalla histórica del nombre propio el escamoteo ha sido un castigo recíproco, asegura Amos Oz. Haciendo memoria, el sexagenario escritor israelí recuerda que por mucho tiempo los palestinos tampoco eran capaces de decir *Israel*. Decían: *entidad sionista*. Decían, dice Oz por escrito, *criatura artificial, intrusión, infección*. No es sorprendente, entonces, que los israelíes recurrieran «a eufemismos como *los lugareños*, o *los habitantes árabes del país*. Solíamos ser panarabistas, porque si se está a favor del panarabismo, entonces no existe el *problema palestino*». Los sionistas pensaban que la cuestión palestina sería *absorbida* por los árabes. Igualarlos a todos en una sola palabra facilitaba el imaginario proceso de extinción de una identidad asociada al territorio disputado. Permitía negar la existencia de todo un pueblo diverso y de distintos credos que convivían, hasta antes de la llegada masiva del sionismo, en una paz no exenta de tensiones aunque sí de la violencia actual. Vuelvo al documental y a la tierna sonrisa del terrible Shalom que en *The Gatekeepers* pronuncia el nombre negado y le da existencia. Detengo la imagen en la pantalla y vuelvo a mi cuaderno de notas, paso las páginas, pienso que también yo he escrito, y dicho muchas veces, la palabra *i s r a e l í*. He aceptado el nombre de Israel.

la historia en estas partes

Estoy de vuelta en la biblioteca, sentada en el piso con la espalda apoyada en una pared de libros ordenados por un código de letras y números y años en las estanterías de metal. Mientras examino los índices de unos volúmenes de historia llenos de Levante mediterráneo espío a los otros lectores de la sala. Veo cabezas-con-kipá, noto a lo lejos una melena rubia escarmenada y los anteojos grandes de alguien que ha pasado su adultez sumergida en libros que solo interesan a eruditos. Me parece reconocer el tipo moreno y cejudo de un lector-sin-kipá que podría ser tan judío como hermano de Zima, o mío. O de Asma, la doctoranda que me reveló, una tarde, en un bar, las supersticiones musulmanas de mi padre. Sabiendo que voy tras el hilo de la lengua, Asma me ha recomendado el trabajo de una antropóloga que estudia el lenguaje de este conflicto. Los escritos de Julie Peteet andan, sin embargo, por otro piso y por otra estantería.

Dejo a los misteriosos lectores semitas y sobrepasada por la historia me siento en otras baldosas blancas con la espalda apoyada en el empaste de otros libros. Peteet parte poniendo en cuestión la objetividad del relato del pasado declarando el consabido axioma de la historia: que la escribe siempre el vencedor. La antropóloga agrega en las primeras páginas que quien domina un territorio adquiere el derecho de imponer las leyes y los términos del relato con los que se cuenta la historia del lugar: esas leyes representan el bien y su relato se vuelve una verdad moral. La dominación debe aceptarse como un hecho necesario que las leyes certifican y la narración oficial se encarga de justificar. Es por eso que israelíes y palestinos continúan disputándose el control del discurso e insistiendo en su adecuada propagación: quien tiene el poder disemina su versión de los hechos, quien posee la palabra está en posición de convencer a sus interlocutores porque tiene asegurada su credibilidad. La versión del conquistador se vuelve *verdadera* mientras que la de los conquistados se convierte en desdeñable *propaganda*. El derecho a la propia defensa lo tienen unos pero no los otros. La antropóloga-de-las-palabras asegura que para instalar un relato como *verdad incuestionable* es requisito deslegitimar la perspectiva contraria. Me detengo a pensar en lo que esto significa, y concluyo que siempre se puede desacreditar e incluso hacer burla de un argumento que se opone a lo que creemos; no solo se puede, es absolutamente necesario. Las acciones del sionismo permiten entender este procedimiento: después de una larga guerra en la que los nazis fueron finalmente derrotados, los judíos pudieron probarle al mundo que los lemas discriminatorios del fascismo, tan populares entre los militares y entre los empobrecidos alemanes de la entreguerra, estaban basados en presupuestos racistas que habían dado lugar a la barbarie. Tras la merecida condena de esas ideas y de su puesta en práctica, los sionistas usaron otra vez la lógica del antisemitismo para socavar el relato de la resistencia palestina. A esa comunidad combatiente se le adjudicó una motivación antisemita que permitía ocultar, bajo esa palabra para entonces tan resonante, que lo que se disputaba era el control del espacio que habitaban. En el empeño por ocultar el verdadero motivo de la confrontación entre árabes y judíos, o entre israelíes y palestinos, el sionismo recurrió al romantizado relato de toda conquista territorial presentando dos tesis sin fundamento. La primera: que esa zona estaba *deshabitada*: ellos, los millones de judíos sin tierra, merecían poblar esa «tierra sin gente». La segunda: que se trataba de unas tierras baldías: ellos, los judíos, fertilizarían el desierto y lo volverían provechoso. La retórica sionista de una topografía tan desolada como desperdiciada pronto se enfrentaría a la realidad de una gente que no solo trabajaba su tierra sino que estaba dispuesta a luchar por ella. La resistencia armada haría visible lo que el relato pretendía invisibilizar, pero el amplio glosario de la conquista ya tenía un calificativo para quienes no aceptaran la anexión. En una apropiación de la terminología imperial decimonónica, los palestinos fueron considerados los nuevos *bárbaros*, gente *primitiva* cuya cultura *atrasada* solo les permitía responder violentamente ante el progreso que traía consigo el proyecto *civilizatorio* que representaba el sionismo europeo. Sin prestarle atención a una nomenclatura que los ubicaba en la sinonimia de la vagancia y en la oposición a la eficiencia capitalista de Occidente, los palestinos se organizaron en milicias y exigieron que se les concediera estatuto legal de c o m b a t i e n t e s por la liberación o por la defensa de lo propio prescrita en convenciones internacionales. Pero una elaborada reinterpretación de los códigos de la guerra permitió que Israel se negara legalmente a concederles ese estatuto alegando que las milicias palestinas no respetaban la vida de los civiles: uno de los requisitos de la codificada legislación de toda contienda a la que los combatientes debían atenerse. Los palestinos nunca merecieron los derechos que se les otorgaban a otros independentistas; en vez, se les impuso el estatuto de *terroristas*. Una amenaza no solo para la existencia de Israel, se dijo, sino para todo el mundo occidental. Con la espalda ya tensa y los ojos irritados por la luz amarilla, decido concluir mi tarde de biblioteca. Voy bajando escalón por escalón, piso por piso, lentamente, pensando en los usos de la palabra *terrorista*.

discursos gemelos

Me alejo de esa biblioteca situada junto a una plaza histórica en el sur de Manhattan. No queda lejos del agujero dejado por las torres. Desde sus amplios ventanales fue posible ver el derrumbe y las virutas de acero y las partículas de papel y sentir el penetrante olor a cientos de cuerpos chamuscados sostenido en el aire, un olor dispersado por el viento. Sigo camino al metro con la imagen de cuerpos en caída libre hacia su muerte, y la invencible imagen de unos niños-palestinos vueltos terroristas en la yuxtaposición de sus brazos levantados y de torres desbaratadas por aviones. Esos niños que ninguna relación tenían con el ataque como miembros inexorables de un eje maligno. No eran mensajes subliminales de la televisión sino imágenes que permitían enlazar la muerte de ciudadanos norteamericanos con las muertes de civiles israelíes de una segunda intifada, o *intefadah* (o *agitación* o *levantamiento*) que seguía su furioso curso en Israel. Ariel Sharon apuró el aliento para sumarse a la batalla contra el terrorismo árabe que emprendía el presidente republicano de entonces. «Juntos», dijo Sharon, refiriéndose al aliado que lo respaldaba con un contundente presupuesto bélico, «juntos podemos derrotar a las Fuerzas del Mal». Con esto último quería decir, sin decirlo, porque no hacía falta: los palestinos.

freedom fighters

Yuval Diskin, otro director ya retirado de la seguridad interior del Estado israelí, recuerda, ante la cámara del polémico Dror Moreh, la paradoja con la que se enfrentó durante una de las fallidas negociaciones de paz con los palestinos tras la segunda intifada. No era tan fácil sentarse a dialogar con los mismos hombres que él y sus antecesores de la Shin Bet se habían «encargado de perseguir por décadas». Era indispensable cambiar la actitud hacia los representantes legítimos de los palestinos, dice, con un habla pausada y palabras mesuradas, necesario, repite, hablar con ellos como iguales y dejar de pensar en los jefes palestinos como t e r r o r i s t a s. Diskin reflexiona y reconoce que para «esos terroristas también nosotros somos terroristas». Diskin sabe mejor que muchos que la *definición* de terrorismo de Estado incluye los arrestos masivos, la tortura fuera de toda convención, los quiebres sicológicos y la exigencia de la delación que erosionan el tejido comunitario palestino, los asesinatos calificados de *selectivos* (como si eso los hiciera legales aún a falta de juicio) y a los que últimamente se llama *definición de objetivos* bajo el lema de la seguridad nacional. Diskin comprende que en la definición israelí de seguridad las prácticas ilegales de la violencia se vuelven actos legítimos para la seguridad de los ciudadanos de Israel. Esboza una tímida sonrisa ante el director ubicado junto a la cámara y, cambiando de idioma para pensar en ese trabalenguas que es el terrorismo, dice en inglés que «*one man's terrorist is another man's freedom fighter*». Se permite subrayar la reversibilidad entre terrorismo y lucha de liberación palestina, reconoce que nombrar una causa puede ser un juego de palabras.

fundación léxica

No es un juego sino una política, la del nombrar. Esto es lo que Julie Peteet intenta demostrar en el texto que yo leo sobre la mesa de la cocina (quiero evitar que, en la distracción de la lectura, se me queme la comida). Peteet retrocede a los primeros años del siglo XX y descubre que los sionistas más sagaces comprendieron que era indispensable transformar el lenguaje. Fundar un espacio exigía hacer desaparecer el pasado (el propio y el ajeno) borrando los viejos nombres e instituyendo nombres nuevos. Antes y después de la fundación de Israel hubo instituciones consagradas a la delicada operación del recambio semántico: instituciones que portaban sin disimulo en su membrete el verbo *nombrar* y el sustantivo *lugar* porque eran comités destinados a bautizar los viejos lugares para fundar y consolidar el nuevo espacio y así poder otorgarse «derechos originarios» sobre el territorio. Esa empresa del nombrar debía articular, para un pueblo tan diverso como el judío, la ficción de un retorno al origen y de un futuro de unidad en la que los nombres iban a señalizar un nuevo recorrido. La fundación léxica del Estado de Israel tuvo tres puntos de apoyo. Punto Uno. La revitalización del hebreo clásico, una lengua casi muerta o solo viva en rituales religiosos, en una versión nueva que se impondría sobre el árabe y el yiddish y el ladino y las demás lenguas habladas por judíos de variada procedencia: el hebreo moderno le conferiría una identidad lingüística única a los judíos-israelíes.

Punto Dos. La hebraización de los nombres para señalar que se abandonaba, que se rechazaba incluso, el pasivo estoicismo del *viejo judío* europeo victimizado por los nazis, y se adquiría la fortalecida identidad del nuevo-judío-israelí. David Gruen se volvería Ben Gurion, Ariel Sheinerman tomó el apellido de Sharon y Golda, nacida Mabovitch, fue Meyerson por matrimonio y luego adoptó el Meir israelí: los judíos que consiguieron la nueva nacionalidad y los que después nacieron en Israel tomaron una nueva identidad: *sabra* (cactus, en hebreo) en alusión al carácter espinoso y resistente de esta planta del desierto, y a su interior tierno. Punto Tres. El desnombrar y el consiguiente renombrar zonas, barrios y calles suprimiendo sus designaciones anteriores, en árabe, estableciendo una afirmación ideológica de propiedad y un reclamo sentimental de pertenencia. Esa amplia política del nombrar vendría aparejada de leyes y decretos y documentos oficiales y sellos de tinta timbrados dentro de pasaportes que instalarían, en el sucesivo golpeteo de los timbres, el dominio israelí en el imaginario colectivo haciendo difícil su posterior erradicación.

palabras prohibidas

Algunas palabras son inevitables. Algunas están prohibidas aun cuando remiten a hechos verídicos de esta historia. Palabras como la *nakba* o *al-nekba* o c a t á s t r o f e de 1948, por citar una de peso, se oponen a la victoriosa y aceptable nomenclatura de la *independencia* israelí. Esa *independencia* israelí significó para los palestinos la expulsión definitiva, por decreto, de unos setecientos cincuenta mil árabes que quedaron, ellos y sus descendientes, en la condición de eternos refugiados. La *nakba* evoca el sufrimiento del desalojo de las casas y la expulsión del territorio, del imposibilitado retorno, dicen unos; convoca, dicen otros, deseos de represalia y de un inadmisible regreso. Esos *otros* que temen el resentimiento son los que celebran su independencia mientras los *unos* conmemoran un hecho del pasado que vive en el presente. No es posible permitir —los más radicales israelíes levantan la voz— dos versiones de un mismo evento en una misma fecha. No se puede permitir la existencia de dos víctimas: comparar el sufrimiento equivaldría a degradarlo, obligaría a asumir el dolor del otro como legítimo. Se requiere acallar la dolorosa memoria de la *nakba*, amordazarla con leyes, aplastar, bajo el peso triunfal de la *independencia*, la derrotada palabra de la *catástrofe* hasta que deje de respirar. Y limpiar después, con el paño de la *libertad*, toda traza de violencia. Seguir escribiendo *nakba* es, entonces, en Israel, como era escribir *dictadura* en ciertos medios chilenos cuando ya había transcurrido una década en esa extraña democracia que acabamos llamando transición. No era claro si salíamos de la *dictadura* o seguíamos hundidos en su lógica. Se imponía el aséptico uso de *gobierno militar*. Se exigía *pronunciamiento* en vez de *golpe*. Esas palabras contenían un riesgo para quien se atreviera a escribirlas, aun entonces. En mis años de reportera principiante fui severamente reprendida por usar estos términos. (Acaso ahora lo sería por escribir *ocupación del territorio mapuche* en vez de *pacificación de la Araucanía*.) El editor que por entonces se decía de izquierdas me marcó esas palabras en rojo y me pidió explicaciones, me preguntó si yo no había leído el manual de estilo de ese diario de derechas. No te olvides, dijo, su dedo imprimiéndose sobre la tachadura, estas palabras, en este diario, no existen. Y me advirtió también contra los trucos del eufemismo: había que evitar incluso las insinuaciones que pudieran recordar al lector realidades borradas del vocabulario. No bastaba simplemente con afinar la mano y el oído, era necesario anticipar la lectura de ese editor y del editor que estaba por encima suyo y la del director a quien yo nunca había visto. Evitar que me vieran la hilacha *subversiva*, que me notaran la vocación *terrorista* de llamar a las cosas por su nombre. En ese diario de derechas. Me estaba cuidando el puesto, eso dijo el editor esperando que se lo agradeciera: escaseaban los medios y eran todos, o casi todos, igualmente favorables al lenguaje que nos había dejado el dictador. *Subversiva*. *Extremista*. Detengo la escritura del puño izquierdo sobre el cuaderno sin saber cómo me aparté de la disquisición sobre la imposibilidad de conmemorar la *nakba* en un país que se precia de ser la «única democracia» de Oriente Medio. Sé que usar esta palabra subvierte, semánticamente, políticamente, el aséptico relato de la independencia israelí y pienso que en esto que escribo estoy corriendo el riesgo de una acusación aún peor que la de extremista. *Antisemita*.

antisemitismo: verdadero o falso

Cierto. Nuestra feroz historia occidental ha exhibido un antisemitismo rampante. Cuesta explicar, costaría entender, aún más justificar, por qué se culpó a los judíos de sucesivas perversidades. De haber envenenado las aguas de los pozos, allá, tan atrás en el tiempo, y de ser los causantes voluntarios de la peste negra que arrasó Europa. Se los castigaría sin pruebas por este absurdo y se los continuaría castigando después bajo la Inquisición, se los sometería a la errancia que acabó por definirlos. Ese sentimiento irracional no hizo sino mantenerse y ampliarse, encontrar formulaciones racionales que alcanzarían su dramático apogeo en un genocidio escalofriante. Cierto, además, que sigue existiendo ese odio. Cierto que importa ponerle atajo. Falso, sin embargo, es que la oposición al expansionismo sionista se origine en el antisemitismo. Esa es la inmediata acusación que reciben todos los opositores a los abusos cometidos por los sucesivos gobiernos israelíes. Aun cuando los críticos distingan sionismo expansionista de judaísmo. Aun cuando esos críticos practiquen la tolerancia religiosa y la igualdad racial. Aun cuando sepan distinguir entre esas políticas del Estado apoyadas por un electorado de colonos-fundamentalistas y la reticencia de progresistas-ciudadanos-israelíes y otros sectores del judaísmo que desean una democracia de preferencia secular. Aun cuando acepten, esos críticos, la existencia de Israel. Cierto: *antisemitismo* es el calificativo que reciben quienes se atreven a devolverle a esas circunstancias las palabras que les corresponden. Un viejo escritor, histórico simpatizante de lo que considera la «única democracia» del Medio Oriente, confiesa que esperaba que su libro sobre el conflicto le acarreara severos reproches. Lo que le sorprendió a ese escritor, Mario Vargas Llosa, fue «su número, y la virulencia de alguna de esas críticas, sobre todo de quienes, conociendo mi trayectoria de solidaridad con Israel, me reprochan haberme pasado al enemigo». Cito otra línea del prólogo que este escritor incluyó en su volumen —es breve, es contundente, parece exclusivamente escrito para articular una defensa contra la artillería sionista—: «No acepto el chantaje al que recurren muchos fanáticos, de llamar *antisemita* a quien denuncia los abusos y crímenes que comete Israel.» Cierto: esa acusación es «absurda» (esa es la palabra que elige Vargas Llosa) pero también parte indispensable de una campaña disuasiva comandada por la Liga Antidifamación que tiene brazos y dedos extendidos por el mundo para sofocar cualquier asomo de cuestionamiento a la política israelí, apelando, siempre, a que esas críticas son tácticas antisemitas. Pero es también verdad que pese a la fuerza de esa liga, cuyos mandamientos son seguidos por muchas instituciones judías que intentan acallar las voces disidentes, se siguen sumando voces de desacuerdo que descartan ese cargo y lo enmarcan en la lógica de la manipulación. Lo advirtió el historiador judío Eric Hobsbawm, poco antes de su muerte, y a propósito de la guerra en Gaza del 2009: «Permítanme que no me ande con rodeos: la crítica a Israel no implica antisemitismo, pero las acciones del Gobierno de Israel causan vergüenza entre los judíos y, sobre todo, dan pie al actual antisemitismo. Desde 1945, los judíos, dentro y fuera de Israel, se han beneficiado enormemente de la mala conciencia de un mundo occidental, que se había negado a la inmigración judía en la década de 1930, unos años antes de que se permitiera o no se opusiera al genocidio.» Lo advertía también, hace apenas unos meses, uno de los miembros del prominente clan de los Al-Barghouthi o Barghouti —no los poetas Hussein, Mourid, o Tamim, que llevan ese apellido árabe, no el Mohammad de la OLP, no Marwan, el apresado militante de Hamás, no Mustafá-el-pacifista—, el Barghouti de nombre Omar que dirige el actual boicot a Israel ha escrito en la prensa neoyorquina que calificar de *antisemitas* a quienes encaran las políticas antiárabes del Estado israelí es «un alegato infundado que intenta intimidar y obligar al silencio». Cierto, pienso, recordando que la publicación, en un diario, de algunos fragmentos de esta crónica palestina trajo como inmediata respuesta una carta de queja de la comunidad judío-chilena. Cierto, me digo, pensando en la advertencia que recibí de no publicar este libro, que ni siquiera lo intentara porque iba a perjudicarme... ¿Será cierto?, me digo, dedos ahora sobre el teclado. Y continúo escribiendo.

llamado al empate

Repasando las observaciones de Julie Peteet comprendo que yo misma me he anticipado a esta acusación implícita de antisemitismo al intentar equilibrar en la escritura del conflicto dos conjuntos de palabras, dos discursos opuestos. He colocado frente a frente dos narraciones de los hechos como si portaran el mismo estatuto de verdad. La misma fuerza política. La misma legitimidad o la misma convocatoria internacional. Entiendo de pronto que sentirme obligada a incluir la voz israelí e intentar justificarla en el contexto del holocausto es resultado de la operación discursiva más sutil del sionismo, que consiste en posicionarse como víctima del mundo y amortiguar el ya debilitado reclamo palestino yuxtaponiéndolo siempre al resonante reclamo israelí. Entonces, aunque Amos Oz insista en señalar por escrito que «todo el mundo tiene una historia», y que opine que esas historias «debieran tener la misma legitimidad», no es eso lo que ocurre. No es cierto, en la jerarquía de los relatos, que ninguna historia sea «más válida ni más convincente que la otra». Unas palabras parecen provenir de un espacio legítimo y democrático que representa el bien mientras las otras de un espacio fanático o fundamentalista que a partir del suceso de las torres se volvió sinónimo *exclusivo* de terrorismo musulmán, borrando las expresiones de extremismo político y de fundamentalismo religioso en el judaísmo y potenciando una islamofobia generalizada. Traigo a la antropóloga de vuelta para explicarle a Oz, ese empecinado cazador de equivalencias, que no hay simetría entre unos y otros porque el relato palestino fue siendo deslegitimado desde los Estados Unidos y silenciado por la prensa norteamericana que, por mucho tiempo, le ha otorgado amplia delantera al relato israelí. No es solo que de cada diez entrevistas a voceros israelíes, una sea a un representante palestino. Es que, además, «una narración palestina nunca puede presentarse de manera autónoma en los medios o en la academia y rara vez aparece sola sin un contrapeso o contrapunto israelí. No obstante», y con esto cierra Peteet su advertencia, «lo contrario rara vez ocurre».

inconformes o traidores

No es extraño que las críticas más duras a las políticas del Estado israelí surjan entre su población: los judíos-israelíes están mejor posicionados para ejercer la crítica de lo propio. Son duros los epítetos que reciben de vuelta, desde el interior: se los acusa de haber internalizado el antisemitismo o de estar traicionando a su gente. Pese a las críticas severas, sigue estando «al menos relativamente permitido emitir reservas sobre la política del Estado israelí». Lo afirma en mis notas el sociólogo del secularismo Jean Baubérot. (Sus anteojos redondos, su pelo rizado y gris le confieren, en los retratos, aspecto de amable profesor universitario.) Añade Baubérot que «cualquiera sea su postura crítica, el opositor deberá *obligatoriamente* rendirse ante la razón del lenguaje establecido, y probar que no está en contra de la existencia de Israel». Todo puede decirse, pero no todo. Solo hasta cierto punto. Y ese punto intocable en el tiempo es el año 1948: la fundación. Nadie va tan lejos. Ningún judío, israelí o no, sugiere deshacerse de Israel. (Salvo ortodoxos antisionistas como el rabino de la puerta del frente, opositores rotundos del Estado y de su expansionismo: nadie.) La discrepancia más frecuente surge del rechazo ante el maltrato de los palestinos. Hay arriesgados activistas que se suman a las manifestaciones, poniendo sus cuerpos como escudos de protección entre soldados y civiles. Hay objetores de conciencia trabajando por el fin de la ocupación y unos mil exconscriptos, acechados por dudas sobre sus labores en zonas palestinas, dispuestos a «romper el silencio» (así se llama la organización dirigida por Yehuda Shaul) y denunciar las políticas sistemáticas de acoso, los abusos por aburrimiento o por diversión o como modo de escalar posiciones en el Ejército. Hay israelíes de izquierda comprometidos a denunciar los excesos, hay abogados defendiendo voluntariamente a los palestinos, hay historiadores revisionistas y reputados intelectuales que prestan su escritura a la crítica. «Se niegan», asegura Vargas Llosa, que frecuenta a estos últimos y ha compartido suelo con los activistas, «a ser silenciados por los intolerantes que, esgrimiendo el sempiterno argumento de los enemigos de la libertad, los acusan de traicionar al pueblo judío y de dar armas a sus enemigos». Saliéndose de su habitual libreto contrarrevolucionario, Vargas Llosa asegura que «la mejor tradición de ese pueblo es la de la resistencia a la opresión y a la mentira» y esa tradición, a su entender, «está mejor representada por aquellos inconformes que por quienes quisieran callarlos». El contrahistoriador Ilan Pappé es uno de los más radicales inconformes, de los pocos que se atreve a revisar y cuestionar los presupuestos coloniales del país donde nació. Pappé ha dicho, desde la Universidad de Exeter, que lo acogió cuando, acosado por el sionismo, él mismo debió irse, que Israel debe admitir haber cometido un despojo y reconocer el derecho de retorno de los refugiados palestinos como condición previa para la paz. No todos los críticos van tan lejos, sin embargo. Algunos temen el retorno de los millones de refugiados palestinos y el consiguiente fin de esta teocracia donde los líderes del Gobierno han estado bajo la influencia de los líderes religiosos. Algunos otros defienden el fin de la ocupación sin estar en contra del Ejército. Algunos más piden la solución-de-los-dos-estados pero no la eliminación de los asentamientos. No son todos pacifistas irredentos ni están dispuestos a concederles créditos a los palestinos sin un previo ajuste de cuentas: les cuesta aceptar que el emprendimiento colonial es el origen de la resistencia palestina. Importa decir, sin embargo, que en Israel estar en contra de la mayoría les cuesta a todos los inconformes el tilde de traidores. Siempre más a los voceros de ese disenso: los categóricos periodistas del diario *Ha'aretz* como Amira Hass (hija de descendientes del holocausto que por años ha reportado desde tierras palestinas) o Gideon Levy (que ha sido acusado de hacerle «propaganda» a Hamás). Oz, que no se cuenta entre los categóricos disidentes y cuyo discurso se acerca a cierto oficialismo, se detiene en esa palabra usada alguna vez contra él para explicarla en el contexto del fanatismo. Le aprieta la tuerca a *traidor* cuando señala que así le llaman a «aquellos que odian cambiar a pesar de que siempre quieren cambiarlo a uno. No ser un fanático significa ser, a ojos del fanático, un traidor».

teorías del error

Dos voces tachadas de traición emergen, entre muchas, desde Israel. Son voces que suenan distintas dependiendo de quien las escuche. Adversas al proyecto expansivo de los sectores extremos del sionismo. Adversas a las reivindicaciones palestinas legitimadas por cierto progresismo israelí. Son voces intermedias, sospechosas en ambos extremos, que enarbolan el discurso de la paz. Voces que fuera de Israel resultan razonables porque llaman a la negociación y al consenso. Solo si se les baja el volumen y se presta atención al lugar desde el que provienen se advierte que el consenso y la paz que proponen vienen dictados por los términos de una sensibilidad oficialista. Una de esas voces cargadas de estática es la del citado Amos Oz (su apellido, de origen ruso, en verdad es Klausner). He leído los ensayos de este autor, hasta ahora, con cierto escepticismo, prevenida por críticos a su izquierda que lo llaman «un falso profeta de la paz». Acaso por completar la imagen que de él me he ido formando en la lectura escribo su nombre en el buscador.

Lo encuentro, a Oz, sobre el estrado, en plena conferencia ante el público de J Street, una organización neoyorquina declaradamente pacifista y proisraelí. Sorprende su energía en mi pantalla: aunque es un escritor ya viejo mantiene el timbre seguro y vital y espinoso de un *sabra* joven. (No es accidente que Oz signifique *fuerza*, o *solidez*.) Como un predicador o un persuasivo político, el escritor va repitiendo, punto por punto, lo que dice en sus ensayos sobre el conflicto. «No hay que hacer el amor sino la paz con los palestinos» es uno de sus golpes de efecto. Deja pausas para los aplausos mientras le echa un vistazo a sus tarjetitas y prosigue en un inglés impecablemente pronunciado. Mirándolo hablar no me extraña que Oz se destaque entre los suyos como un intelectual influyente y crítico. A lo largo de sus muchos años de escritor-metido-en-política, Oz ha insistido en el polémico retorno a las fronteras de 1967, y en la solución-de-los-dos-estados de la que el sionismo de derechas no quiere oír hablar. Oz insiste en el «justo pero doloroso divorcio» de israelíes y palestinos que, tras la separación, «deberán seguir viviendo en una misma casa». Esa es una de sus metáforas, la de la extraña casa-patria *compartida*, como si una casa o una tierra no pudiera ser dividida, como si pese a la partición fuera a seguir siendo para siempre, en la imaginación de los judíos, solo una; la otra metáfora es la de la «dolorosa pero necesaria cirugía» que deberá dividir el territorio para abrir paso a la eventual vecindad —la imagen refiere otra vez a un solo cuerpo cuya partición, si pensamos literalmente la metáfora de Oz, implicaría una muerte—.

Oz argumenta, contra la opinión de muchos de los suyos, que ha habido «problemas de liderazgo por ambos lados», y extendiéndose en su metáfora quirúrgica insiste en que pese a la urgencia, quienes «no se atreven a operar al paciente que lo solicita son los propios médicos». Caen aplausos de la galería. Él hunde el rostro para mirar a los que aplauden. La sombra de sus anteojos, equilibrados en la punta de su nariz, cae sobre sus mejillas mientras levanta la voz convencido de que es necesario el reconocimiento, dice, tanto de israelíes como de palestinos, de las «mutuas responsabilidades históricas» en este conflicto. Oz puntúa la palabra *responsabilidad* y la palabra *mutua*, pero sin decir qué responsabilidades debiera aceptar cada uno. Acaso haya un sobreentendido que se pierde entre los aplausos. Debe haberlo, pienso, porque esta provocadora pero enigmática puntuación es secundada por David Grossman desde otro escrito y desde otras conferencias colgadas en la red. Más recatado en su habla es este otro escritor: en su puesta en estrado Grossman apenas levanta la voz y en inglés titubea con un acento que suena a latinoamericano. Grossman es sin duda menos efectivo en las artes de la declamación que en una escritura donde siempre intenta *entender* antes que *juzgar*. Yo retomo mi cuaderno, recupero mis notas de lectura donde lo encuentro coincidiendo y apoyando las ideas de Oz. Escribe Grossman que «también los palestinos son culpables de innumerables errores». Y no dice tampoco a qué errores se refiere. Solo se puede inferir desde lejos, a partir de una cuidadosa lectura de sus ensayos completos, que Grossman piensa en «oportunidades perdidas para la paz». Se pueden hilar algunas deducciones de su biografía política como redactor de una fallida iniciativa de paz, la Iniciativa de Ginebra de 2003 (un halo de neutralidad impregna el uso de la ciudad-de-la-diplomacia). Esa iniciativa incluía, entre otros puntos, el reconocimiento del Estado de Israel con capital en Jerusalén, la anexión de los territorios con asentamientos más extensos y de la ocupada Jerusalén oriental, a cambio de un Estado palestino desmilitarizado y sin ejército propio. Ese documento, apoyado por Oz y por A. B. Yehoshua, otro escritor de la izquierda sionista, consideraba, dijo críticamente Ilan Pappé, que el reclamo del regreso era un «impedimento para la paz» mientras que la sugerida expansión de Israel no lo era. Pero Grossman interpretaba la negativa a aceptar como una expresión cultural de la «terquedad de los palestinos» de insistir en volver a sus casas, de no conformarse con su derrota, de negarse a soñar con otras posibilidades y de persistir en su deseo en vez de aceptar lo que Israel les ofreció en las negociaciones del pasado. Detengo aquí mi escritura y me aparto de la mesa. Si fumara elegiría este momento para encender un cigarrillo y llenarme los pulmones de humo. Si vamos a hablar de equivalencias, pienso, intoxicándome imaginariamente, si vamos a hablar de igual a igual, compartiendo responsabilidades y errores y también esperanzas e íntimos deseos, por qué nos negamos a aceptar que los palestinos no van a renunciar a lo que perdieron hace medio siglo. Los judíos nunca renunciaron a lo que habían perdido hacía milenios. Los propios sionistas han dado el ejemplo de que era posible satisfacer la añoranza del regreso. Acaso lo que corresponda, más que repartir culpas a partes iguales, sea admitir, como sugiere Pappé, que Israel cometió un despojo y que su responsabilidad es reconocer el derecho de retorno de los refugiados palestinos o de pagarles compensaciones o de negociar con ellos verdaderamente de igual a igual y ofrecerles opciones aceptables como condición previa para la paz.

telegrama desde israel

Entra un mensaje telegráfico de Uriel, desde Jerusalén, donde me habla de algo que yo no podré leer. «Hoy artículo insoportable de Grossman dibujando conflicto como simétrico. Un espanto: los que relatan el conflicto de manera simétrica lo descontextualizan casi tanto como los sionistas de derecha.»

judíos del exterior

Las formas de practicar el judaísmo varían dentro y fuera de Israel. La adhesión al sionismo desde la d i á s p o r a ha sido por épocas más militante y más uniforme, mientras el disenso ha sido siempre solapado: adentro puede haber pugnas, reza el mandato internacional, pero afuera hay que estar unidos ante la crítica (antisemita). El disenso exterior ha sido un discurso susurrante aunque no inexistente. Y se ha acrecentado en los últimos años, liberado de otra vieja acusación: la de que el crítico ha internalizado el odio a los judíos y se odia a sí mismo. Uno que no se deja amedrentar: Noam Chomsky. Hijo de sionistas socialistas en tiempos de sionismos más tolerantes, ha sido precursor en una disidencia desenfadada que hace palidecer las palabras más duras de Oz. Ha desafiado y aún desafía, Chomsky, los intereses territoriales de Israel, desafinando, así, en el concierto de aprobación judío-norteamericana del pensamiento judío-israelí. Chomsky nunca cejó en su crítica, y se ha hecho acompañar de una creciente multitud. No hace mucho el *New York Times* sintonizaba un dial de voces demoledoras. Un cientista-político-judío-norteamericano declaraba que «rendirle pleitesía a un Estado fuertemente militarizado es contradictorio considerando el pasado del que venimos». Y ese catedrático no estaba solo al interrogar la premisa de que una comunidad religiosa deba poseer un territorio exclusivo y blindado y defendido por las armas. Algún catedrático agregaba que «el concepto de un Estado definido por un solo pueblo era profundamente problemático desde el comienzo y llevaría, inevitablemente, a un desastre político y moral. Y es eso lo que ha sucedido». Estos intelectuales que le hablan al *New York Times* lanzan claras advertencias contra las narrativas nacionales exclusionistas de las llamadas *democracias étnicas*, a las que en su momento apuntó Edward Said —acaso la voz más resplandente, más resonante y respetada de la diáspora palestina—. Said pensó esas narrativas como «sustancia con la que se forman todas las identidades nacionales». Pero a la vez sospechaba de la fijación de esas identidades, «ya que la dinámica de la historia y de la cultura garantizan una evolución y cambios constantes». Lo peor, decía, «es cuando individuos o grupos fingen ser los *únicos* representantes verdaderos de una identidad, los *únicos* intérpretes legítimos de la fe, los *únicos* portaestandartes de la historia de un pueblo, la *única* manifestación de la cultura, sea islámica, judaica, árabe, americana o europea. De convicciones tan insensatas surgen no solo el fanatismo y el fundamentalismo sino también la falta total de comprensión y de compasión por el prójimo». Ante estas versiones *únicas*, contra estas posiciones exclusivistas de la identidad legítima, hay que apostar por el lenguaje del disenso y de la multiplicidad.

órdenes absolutas

En zonas de conflicto, en los momentos más álgidos del combate, el matiz es lo primero en desvanecerse, las zonas grises del discurso aparecen como sospechosas. El control lo asumen las versiones únicas y las verdades simplificadas: es necesario que exista solo un lado de la historia para asegurar una adhesión incuestionable, para enarbolar las banderas propias, para entonar a gritos lemas contra los otros, golpeando la voz en las sílabas del odio. Para ver a los detentores de ideas contrarias o identidades distintas como enemigos. Para aceptar órdenes destinadas a destruirlos. Las versiones únicas se vuelven indispensables en tiempos de guerra y se imponen mediante su bombardeo constante por todos los medios. Vuelvo a una zona subrayada dentro de su *Escribir en la oscuridad*, donde David Grossman, un lúcido testigo de los procesos de lavado del lenguaje, explica que los discursos de la seguridad o de la superioridad nacional exigen una claudicación de la capacidad crítica. Ensaya, él, la línea que yo copio desde mi cuaderno: «Me convierto en parte de las masas cuando renuncio al derecho de pensar y formular mis propias palabras, en mi lengua, y acepto, automáticamente y sin críticas, las formulaciones y el lenguaje dictado por otros.» Grossman se refiere al dócil pensamiento de un pueblo, el suyo, que se abstiene de pensar por fuera de los discursos aceptados. No por pereza. No por incapacidad. Por miedo, escribe Grossman, simplemente. Ir más allá de los discursos oficiales, acierta en su ensayo (casi puedo imaginarlo diciendo estas palabras con su voz de hombre tímido), pensar más allá de lo establecido implica renunciar a ciertos mecanismos de defensa, obliga a concebir el conflicto desde la sensibilidad del *otro*. No es fácil objetar, continúa este escritor-crítico, no es fácil resistirse al convincente relato de la historia que se cuentan los israelíes, esa historia «que generalmente es la única versión permitida y *legítima* de un pueblo aterrado». (*Aterrado*, copio, y pienso en los terrores de Grossman, que perdió a su hijo en la guerra del Líbano.) Pero acaso la idea más sugerente de su libro sea la que formula a modo de pregunta. ¿Es que su pueblo «ha continuado luchando porque se halla prisionero de la versión oficial de la historia»? Cuál es, me pregunto yo, a renglón seguido, parafraseándolo, esa historia oficial que induce a ese pueblo a la continuación de su lucha. ¿Es la historia de que ellos utilizan la violencia o la brutalidad única y exclusivamente porque están en guerra, pero que cuando la guerra termine dejarán de emplearla y volverán a ser el pueblo ético y noble que siempre habían sido? ¿Es la oficializada historia de un pueblo condenado a la destrucción que debe siempre defenderse? ¿La historia de que Europa les debía un *hogar nacional* en pago por sus abusos, que Europa cancelaría su antisemitismo en cómodas cuotas contra la voluntad de los palestinos? ¿O es esa versión bíblica de la promesa hecha por Dios al *pueblo elegido* que a los sionistas extremos les permite reclamar no solo los territorios palestinos sino todo el Levante: hasta la última partícula de arena y la última piedra y la última gota del río Jordán que ya no sería la frontera sino que atravesaría la Gran Israel según la promesa divina? Los bordes de esa historia oficial carecen de un trazado exacto: aun judíos no observantes, aun israelíes de izquierda secular, parecen comprometidos con esta *verdad oficial* de raíz religiosa producida y practicada por la teocracia israelí. David Grossman es un temprano adversario de aquellos que piensan la escritura bíblica como versión única del pasado y como mandamiento definitivo del futuro. «Las órdenes absolutas» del texto religioso, advierte no sin preocupación, «requieren de acciones absolutas».

piedritas en el aire

Declara haber sido un niño fanático, un pequeño sionista tirador de piedras contra las patrullas británicas que tenían el mandato sobre Palestina. Junto a otros niños igualmente militantes y armados de peñascos les gritaba, a ellos, *British, go home!* Amos Oz era un declarado chico-de-la-intifada-judía. Es, escribe ahora este hijo de sionistas de derecha que se instalaron en Jerusalén en los años treinta, un «fanático rehabilitado» y un experto en «fanatismos comparados». Eso dice aunque está todo por escrito, todo además ya traducido cuando yo lo leo en uno de sus ensayos. Lo que no acierta a contar, sin embargo, es que esa intifada de piedritas que ahora le parece tan lejana pudo acabarse porque esos infantes vieron partir a los ingleses y dejarles la tierra. Los niños-palestinos también los vieron partir, a los militares británicos en los que habían confiado, y vieron a los recién-estrenados-israelíes tomarse tierras que eran suyas. (En su retórica de la simetría, Oz repite que se trató de un *intercambio* de hogares en el que los palestinos y sus niños *permutaron sus casas* por las de otros cientos de judíos-orientales expulsados de los países-árabes. Pero no se trató de una casa por otra; si acaso, fue una casa por una tienda de campaña dentro de un refugio eterno que nunca llegó a ser más que una indicación domiciliaria asumida como temporal.) Quizás los niños-palestinos de entonces pensaron o dijeron, desde esos campamentos en los que iban a envejecer, la misma frase con otro vocativo. *Jews, go home!* Los niños-palestinos recogerían las piedras que dejaron los niños-judíos y empezarían su propia *intefadah*. Pero tirar piedras es ahora un acto criminal. Hay cinco niños-palestinos condenados a cadena perpetua por apedrear el auto de un colono israelí en territorios saturados de asentamientos ilegales. Hay casi doscientos niños-de-la-intifada en las cárceles israelíes: la celda convertida en otro hogar. Cada año Israel toma presos a setecientos. La aritmética de la prisión es incomprensible y a veces está invisibilizada: hace casi una década los niños de Gaza viven la cadena perpetua de una ciudad sitiada y de casas hacinadas.

unos suben, otros bajan

Esta es la dolorosa cuestión. Que los palestinos no pudieron mudarse a otros puntos de la península arábiga ni adquirir otras ciudadanías como propias. Que no encontraron otro lugar que pudieran llamar suyo. Que se volvieron eternos refugiados en el limbo de las naciones. La dolorosa cuestión de que no se les permite volver porque la ley del *retorno* es aplicable, a perpetuidad y en exclusiva, solo a los judíos. Los que llegaron antes de la *independencia*. Los que han continuado llegando desde lugares tan apartados como Etiopía o Argentina. Los conversos recientes a quienes se ubica en los asentamientos como línea de defensa y vanguardia de nuevas expulsiones palestinas. («Todo judío que llega, como yo, a instalarse a Israel es un *ole hadash*. Un nuevo *subidor*», aclara Uriel, mi amigo-argentino-*ole-hadash*, en otro mensaje telegráfico. «Vivir en Israel», insiste, «es *subir*».) Los judíos del mundo continúan *subiendo* mientras los palestinos *descienden* porque se les impide regresar. No se trata, como quiere Oz, de un mero conflicto «entre derecho y derecho, entre dos reivindicaciones muy convincentes, muy poderosas, sobre el mismo pequeño pedazo de tierra». No es «simplemente una disputa sobre quién es el propietario de la casa». Los palestinos tienen reivindicaciones fundadas en una pertenencia territorial reciente además de ancestral, acreditada y reconocida por organismos internacionales; aun así no cuentan con el *derecho* a regresar a su tierra natal. Solo los judíos, tanto los descendientes de una minoría levantina como los venidos de Europa, o de África, estos últimos sin más raíces que las que otorga el relato religioso, sienten una nostalgia retroactiva y rabiosa, asumen como derecho la promesa divina aun cuando se hayan vuelto ateos. Oz, que aunque secular cree en el retorno a la *tierra prometida*, reconoce, su tono es contrito, que durante mucho tiempo nadie en Israel quería ver ni oír que los palestinos continúan viviendo en el paréntesis, que «Palestina es el único país al que pueden aferrarse» ellos y sus hijos y sus nietos. Siguen asidos a la nostalgia del regreso. En el limbo de los campamentos los niños-palestinos no hablan nunca del lugar donde nacieron. Hablan del heredado lugar de donde *son*. Ese *ser-de* nombra siempre el pueblo y la calle y la casa de la que sus abuelos fueron expulsados.

ensayar el desalojo

La cuestión del regreso a casa vuelve siempre. No importa dónde esté yo: la casa y su falta me convocan. Tarde una noche mientras leo a Oz, o tal vez a Said y a Grossman (hay una pila de libros sobre mi mesa), entra en mi correo el mensaje de un alumno-egipcio que pasó por una de mis clases, hace tiempo. Es una carta formal escrita para ser enviada a mucha gente, pero hay un apellido en el encabezado que me sacude: «Estimada Profesora Meruane». (Desde hace meses ver mi Meruane por escrito me llena de inquietud; es como si me costara reconocerme en él, como si algo se hubiera desplazado o desalojado, como si entre mi persona y mi apellido se hubiera interpuesto una coma.) A ese comienzo le sigue el relato en el que descubro que Aimin-el-egipcio es miembro de la organización secular Estudiantes por la Justicia en Palestina que acaba de llevar a cabo una acción política que consistió en poner, bajo las puertas de las piezas de dos mil estudiantes, notas de desalojo como las que el Gobierno israelí suele dejarles a los palestinos poco antes de derribar sus viviendas. El propósito era triple, escribe Aimin. Uno: protestar pacíficamente por la política de desalojo y demolición de casas palestinas practicada en los territorios. Dos: llamar la atención de la diversa comunidad universitaria sobre este abuso. Tres: invitar a todos esos estudiantes de-otros-orígenes a desalojarse de sus identidades y a ponerse en el vulnerable lugar de los sin-casa. La falsa-nota-de-desalojo que me adjunta Aimin estipula, al pie, unas cifras demoledoras. Ciento sesenta mil palestinos han quedado sin hogar desde 1967. Veintisiete mil casas palestinas han sido destruidas para cederle espacio a los asentamientos ilegales que se construyen sobre las tierras vaciadas y son legalizadas de manera retroactiva. A los palestinos se les impide construir sus casas. Incluso hacerles reformas a las que tienen puede ser considerado ilegal y motivo de destrucción. También por decreto y a modo de revancha se destruyen las casas de los agresores palestinos, aun cuando esas casas no sean suyas, aun cuando nadie en la familia haya participado de la agresión o haya tenido noticias previas; aun cuando nunca se presenten cargos al supuesto agresor. Las justificaciones para desplazarlos son tantas, tan diversas, que no tiene sentido nombrarlas, una por una, en esas hojas blancas de papel. Acaso tampoco corresponda apuntar en esa hoja lo que han dicho sobre este tema historiadores revisionistas israelíes: que detrás del desalojo se urden políticas de erradicación étnica definitiva de los no-judíos para permitir que los sí-judíos puedan expandirse. Nada de esto se dice ahí. La hojita de papel no contiene más que la advertencia falsa y las cifras informativas. Pero la impetuosa respuesta a la acción no se hace esperar: entre los alumnos judíos que reciben estos falsos avisos hay quienes declaran a la prensa sensacionalista haber sido el blanco de acoso antisemita (pero ni los dormitorios eran judíos ni la organización propalestina es religiosa). Hay quienes dicen haber sido violentados por el mensaje de odio (pero no había en la nota sino un tono de burocrática cortesía). Aseguran que la organización está financiada por Hamás (pero no presentan evidencias). Una estudiante dice haber sentido miedo (y en ese momento yo recuerdo la línea donde Norman Finkelstein, un conocido politólogo judío-norteamericano, apunta que «la engañosa victimización ha generado considerables dividendos: la inmunidad israelí ante la crítica»). En sucesivos correos Aimin me cuenta que la organización refutó todas las acusaciones alegando que la inocua acción quedaba resguardada por «el derecho de libre expresión que aun en los temas más controvertidos la universidad debía asegurar». Pero la organización o sus abogados comprendieron que la universidad debía estar bajo presión de la poderosa Liga Antidifamación, y pidieron el apoyo, es decir las firmas, de los profesores para evitar castigos que podían incluir la *verdadera* expulsión de los estudiantes propalestinos. No solo de sus dormitorios sino de la institución.

el hogar fortaleza

El símbolo de la casa, de un hogar sólido, de paredes firmes, es la astilla clavada también en Israel. David Grossman ha declarado, no sin añoranza, que todavía su país no representa para él un hogar porque «las fronteras de Israel han cambiado y se han movido tantas veces, cada vez que hay una guerra o una ocupación militar. Es como trabajar, vivir, estar, en una casa con paredes móviles. Siempre está la tierra temblando bajo nuestros pies». Atribuye esa angustiante incertidumbre a la imposibilidad de negociar una paz permanente para que los israelíes «tengan la sensación de que el país es su casa». Opina que sería decisivo fijar de manera definitiva los simbólicos muros de la nación y normalizar las relaciones con los vecinos. La idea de hogar (inevitable aquí sumar el adjetivo *seguro* al sustantivo *hogar*) tendrá, insiste, «una frontera ilusoria» hasta que se retiren los masivos asentamientos en el corazón del territorio palestino. Hasta entonces solo habrá «un sentimiento de *fortaleza*, pero todavía no de hogar». Es el perfecto contrapunto. A un lado del muro de concreto, la falta-de-hogar (de tranquilidad, de calidez) proporciona por lo menos un espacio protegido para los israelíes. Al otro, sin embargo, esa frontera tan sólida tampoco avala la constitución de hogares cálidos o tranquilos o seguros: delimita el espacio de una asfixiante ocupación.

llamémosle muro

Retrocedo algunas páginas para revisar las palabras que he ido acumulando. Antisemitismo, *shoah* y hogar seguro, pero también *nakba*, casas arrasadas e imposibles retornos. Silencio. Derechos. Desalojo. Destrucción. Combatientes legales. Terrorismo. En este punto álgido del planeta cada palabra activa ecos de resonancias impredecibles y peligrosas. Sobre una nueva página en blanco escribo otra de esas palabras complicadas —m u r o— con plena certeza de que preferir, o proferir, ese sustantivo indica una posición política. Decir *muro* es reducir a cuatro letras una kilométrica barrera de hormigón, alta, lisa, grisácea, que a veces es una alambrada de púas, que a tramos está electrificada: menos para electrocutar que para indicar la presencia de un cuerpo enemigo. La palabra *muro* exige al que la enuncia complementar su uso con los verbos *cercar* y *encerrar* e *impedir*. *Valla de seguridad* o simplemente *cerco divisorio* ubica semánticamente, a quien usa esos términos, al otro lado del conflicto; entonces no se trata más que de *separar* o *proteger* a Israel de los árabes. La elección no es neutra. No puede serlo. En esta zona no existe la neutralidad. No es inocua, tampoco, la política del muro. Ariel Sharon inició la construcción de 721 kilómetros alrededor de Cisjordania bajo la consigna de la *defensa* ante los atentados suicidas de las intifadas; aprovechando esa obra, todavía en curso, se sigue practicando una anexión ilegal de tierras palestinas. El muro empujó hacia el este la frontera trazada en 1967, corrigiendo el perímetro legalmente acordado entre las partes. En algunos pueblos —el caso de Budrus en 2010, el caso de Bil'in en 2006— la gruesa muralla de siete metros de altura los cercaba, estrangulándolos. La pared de concreto partía al pueblo de Abudis en dos. En otros puntos, el muro separaba vecinos que eran casi de un mismo pueblo. El hormigón y el acero creaban cárceles para los palestinos mientras construían fortalezas para los israelíes aun cuando se acabaron las intifadas y los ataques suicidas. Los gobiernos de entonces (Sharon) y de después (Netanyahu) clasificaron esta operación mural en un lenguaje a medio camino entre matemático y militar: el de las *ganancias estratégicas*. Para remover la endurecida posición gubernamental y las toneladas de cemento ya seco fue necesario movilizar a los pobladores de Bil'in y de Budrus y de Abudis, invitar a observadores internacionales, a periodistas y fotógrafos y camarógrafos extranjeros, convocar a los jóvenes activistas israelíes en demostraciones pacíficas. Esos alambres y la pared pudieron arrimarse a la anterior frontera legal aunque nunca llegaron a coincidir con ella. Los agricultores volvieron a plantar sus cientos de olivos arrasados por las excavadoras, y a esperar con paciencia que crecieran mientras, a lo lejos, volvía a erigirse lentamente otro horizonte de concreto.

apartheid o no

Es o no es esta una situación de *apartheid* —otra palabra sometida a un álgido escrutinio, a un debate incendiario—. La mecha la prendió Noam Chomsky cuando acusó a Israel no solo de asesorar y de proveer apoyo armamentístico a las dictaduras latinoamericanas (en las que murieron no pocos judíos de izquierda) sino además de venderle armas a Sudáfrica, y de esa manera apoyar la segregación racial. Veinte años antes de que se acabara el sistema de *apartheid* en ese país, Israel y Estados Unidos fueron los únicos miembros de la Organización de las Naciones Unidas que se negaron a ratificar el veto a la opresión que en 1973 empezó a aplicarse a todos los actos cometidos con el objetivo de establecer y mantener la dominación de un grupo racial sobre otro de manera sistemática, negándoles el derecho a las libertades a los demás ciudadanos, sometiéndolos a arrestos arbitrarios e ilegales, expropiándolos de sus casas, trasladándolos y obligándoles a vivir en guetos, privándolos de la posibilidad de movimiento, vedándoles el derecho a entrar y salir de su país, impidiéndoles la realización de matrimonios mixtos; todos ejemplos de los crímenes realizados bajo el sistema del *apartheid*. Vislumbrando la evidente conexión, Chomsky eligió la palabra *apartheid* para definir la situación palestina, pero no pocos le han salido al paso levantando objeciones. Amos Oz se ha opuesto a su uso previniendo a sus lectores de que en esas tierras levantinas no hubo ni conquista ni invasión. Intentando poner distancia con el pasado sudafricano, el novelista israelí recurre a su retórica-de-la-simetría poniendo en igualdad de condiciones históricas a judíos y palestinos: la tesis que defiende es que ambos pueblos fueron *igualmente* maltratados por Europa. «Usados como patio de recreo imperialista», los palestinos. «Discriminados, perseguidos, acechados y asesinados en masa en un crimen genocida sin precedentes», los judíos. Su llamado a la solidaridad entre ambos pueblos victimizados resulta estridente, sin embargo, porque tras ese verdadero historial de abusos coloniales Europa aceptó las demandas judías pero negó las palestinas. Fue una nación europea, presionada por sus vecinos, igualmente europeos, la que cedió esas tierras a los israelíes; otro país del mismo continente ha pagado sus culpas antisemitas indemnizando, de por vida, a sus víctimas, y apoyando económicamente al Estado de Israel. La relación desventajosa de los judíos ante Europa es ahora cosa del pasado. Para los palestinos no ha dejado de ser cosa del presente. La palabra *apartheid* resuena ahí aun cuando haya sido acuñada en otro contexto y algo siempre se pierda en la traducción. Su valor reside en que permite iluminar una realidad, que no se entiende a cabalidad, con el brillo terrible de una que sí. Es por eso que el *apartheid* está ahora bajo fuegos lingüísticos cruzados. Nelson Mandela dijo, famosamente, a mediados de los años noventa, que «el fin del *apartheid* estaría incompleto sin la libertad de los palestinos». Pero un periodista israelí criado en la Sudáfrica del *apartheid* lanzó, hace no pocas semanas, en el *New York Times,* un largo artículo desmintiendo que se trate de lo mismo. «La gente no desaparece, simplemente, en Israel. Existe la libertad de expresión. Y el disenso existe, los movimientos de protesta existen, los medios opositores cubren las protestas.» Esto es cierto dentro de Israel, pero el argumento de Hirsh Goodman pierde fuerza cuando se examina cómo acaba la l i b e r t a d de e x p r e s i ó n en los territorios palestinos. Ahí quienes protestan con carteles o piedras se enfrentan a soldados con armas de fuego y pólvora, disparos de goma a menudo letales y no pocas muertes a sangre fría. La prohibición de filmar, las amenazas, el arresto domiciliario de Emad Burnat para evitar que produjera lo que sería, después, el impactante documental *Five Broken Cameras,* las golpizas que acabaron con sus colegas palestinos durante las pacíficas protestas contra la construcción del muro junto a Bi'lin no constituyen un testimonio de las proclamadas libertades expresivas. La realidad ilícita de los a s e n t a m i e n t o s (que en sucesivos lavados de palabras empiezan a llamarse *barrios judíos*) neutraliza otro argumento de Goodman cuando explica que nadie ha sido removido de sus tierras como lo fueron los negros en Sudáfrica. Tal vez no de la misma manera, pero desde 1967 Israel ha destruido unas veinticinco mil casas palestinas en los territorios, originando el desplazamiento de unas ciento sesenta mil personas; los palestinos constituyen la comunidad de exiliados y refugiados más grande del mundo. Anoto en mi cuaderno y subrayo, para no olvidarlo, que los intentos por establecer distinciones son apenas malabarismos de la lengua: no es fácil mantener estas comparaciones en el aire. Goodman parece falto de aliento o de talento cuando alerta a sus lectores de que esta palabra está estropeando la imagen de su país ante el mundo. «Israel», anota él, yo lo imagino deteniéndose en ese nombre como si lo invocara, sombrío, porque detrás de su argumento está el aplastante anuncio de nuevos asentamientos ilegales que se suman a los ya ciento veinte que existen. Hay repudio y hay condena pero Israel sigue adelante, armado de excavadoras y soldados y camiones y tanques y casas prefabricadas y toneles giratorios llenos de cemento. «Israel», escribe Goodman, «está dejando que se lo llame un *estado de apartheid*, e incluso lo está alentando», termina, admitiendo una contradicción. ¿No daría como resultado la suma de las partes —racismo + desalojo + ocupación + asentamientos + bloqueo— precisamente el estremecedor *apartheid*? En efecto, es *apartheid*, pero por pensar a contrapelo me pregunto si esta palabra nos desvía hacia otro punto del planeta, hacia otro momento histórico, hacia otro relato de discriminación, hacia otro modelo de racismo que podría distraernos de las particularidades de este *apartheid*. «Llamarlo apartheid invocando el estilo sudafricano de la segregación racial», dice Chomsky, contestando contundentemente a mi interrogante, «es hacerle un regalo a Israel. Lo que está sucediendo en los territorios ocupados es muchísimo peor. Hay una diferencia crucial: en Sudáfrica la población blanca necesitaba a la población negra como fuerza laboral, pero los sionistas simplemente quieren prescindir de los palestinos, quieren deshacerse de ellos, expulsarlos, encarcelarlos».

elyahud

Entre las primeras de Gibreel estuvieron las palabras *jess* o *ejército*. Y *matat*. Y *al-jidar*. *Cartuchos de bala* sembrados sobre la tierra después de las protestas de Bil'in. Contra el *muro*: la tercera palabra. Entonces el muro que atravesaba Bil'in era un cerco de alambre lleno de púas sostenido por una enorme puerta resguardada. Gibreel, hijo menor de Emad Burnat, aprendió a saludar a los soldados del *jess* mientras atravesaba el *al-jidar* y jugaba a la protesta pacífica con los *matat*. Comenzaba su aprendizaje del mundo en el vocabulario de la o c u p a c i ó n. Poco después aprendería a hablar de las muertes de vecinos que atestiguó durante las manifestaciones organizadas y grabadas por su padre con cinco cámaras distintas —todas cámaras que serían rotas y reparadas y vueltas a romper hasta que quedaran en condiciones irreparables—. No solo la realidad de Gibreel sino todo el discurso de generaciones de palestinos y de israelíes ha sido secuestrado por la lógica lingüística de la guerra. Pero ante ese «intento de disimulo semántico los palestinos han respondido con una radicalización del lenguaje», dice, también por escrito, Leah Tsemel, abogada israelí-de-nacimiento conocida por su defensa judicial de decenas de palestinos. «Antes los que venían a consultarme hablaban de *soldados* o de *colonos* que, por ejemplo, les habían robado sus ovejas, pero ahora tanto los niños-palestinos como los adultos han dejado de utilizar esas palabras. Culpan a los *elyahud*. Los *judíos* me confiscaron el documento de identidad. Los *judíos* me golpearon. Los *judíos* destruyeron mis olivos. Que el Estado de Israel se convierta así en representante de todos los judíos del mundo me aterroriza», escribe ella, yo lo consigno, «porque todos los judíos», dice ella, y la religión judía, agrego yo, «quedarían asociados a la imagen de soldados, policías y colonos…». Pero Gibreel no habla de los *elyahud* en la cinta *Five Broken Cameras*, o yo no lo recuerdo. Habla, todavía, de los *jayalim* de la *jess*. La radicalización de su lenguaje no ha ocurrido. Todavía.

torcer la lengua

No hay armas más traicioneras que las del lenguaje. Es preciso elegir las palabras con escrúpulo, cargarlas con cuidado para que no se vuelvan en contra, para que no vayan a disparrse, solas, contra quien las pronuncia. Esto es lo que no comprende hasta muy tarde el joven preso de una película palestina. A la hora del almuerzo carcelario otro reo le advierte que ejerza la cautela. Intentarán engañarlo mandándole un amigo falso para sacarle información. «Que no le confiese nada a nadie», insiste, mirando de reojo a su alrededor. «No voy a confesar», contesta el muchacho palestino, sin entender que acaba de declararse culpable ante el falso amigo que tiene sentado delante. El verbo lo condena, la conversación queda grabada para dar inicio a su tortura. Atrapado en la dinámica perversa de las confesiones que le impone el agente israelí y la imposibilidad de zafarse de lo dicho, deseando, sobre todo, sobrevivir, promete delatar a los suyos para salvarse. Está decidido a no hacerlo, y puede, incluso, contárselo a sus cómplices cuando lo dejan en libertad. Porque en la actual vida palestina todos los jóvenes viven la misma coyuntura una vez que entran o salen de las cárceles israelíes. Prometen información. No siempre la entregan. Y empiezan a jugar al soplonaje, jugándose el pellejo. En esta tragedia de equivocaciones, construida sobre una sucesión de silencios y sobrentendidos, el muchacho (su nombre es Omar, como el título de la cinta) va perdiendo todo lo que le importa. El amor de una muchacha. La confianza de los amigos. La vida de sus cómplices en la resistencia. Y los ahorros que constituyeron la esperanza de un futuro que no acabará por materializarse. O eso sospechamos. La máquina de la confesión lo va triturando todo. Omar va entendiendo que la única manera de aceitar el engranaje de la seguridad israelí es manipulando una vez más las palabras, ahora a su favor. Más salidas no hay que tenderle una mentira a su captor aunque la caída de uno implique la caída de ambos. Pero este caer juntos de Omar y el agente no se ve, solo se adivina. Lo que sorprende de esta cinta que deja abierto su desenlace es que el argumento se repite punto por medio en otro largometraje, no palestino sino israelí, del mismo año. En *Bethlehem* otro joven cisjordano navega también entre dos lenguas y entre la verdad y la mentira, la delación y la salvación, la muerte y la muerte. Por más que se use el habla (y se habla mucho en esta cinta, en persona y por teléfono) para extender el tiempo y buscar salidas, las palabras no otorgan ninguna escapatoria. Más bien es lo contrario, van enredando la escena hasta volverla asfixiante. El muchacho palestino, Sarfur, debe medir cuidadosamente lo que dice, bajar siempre la voz, cuidarse de que nadie le quite ese teléfono lleno de mensajes del agente israelí que lo ha forzado a delatar a su hermano para salvar a su padre. Ante la fragilidad de la escena familiar, el agente israelí ha logrado ocupar (simbólicamente, afectivamente) el lugar de un hermano mayor, de un poderoso padre que ofrece toda clase de incentivos y sobre todo promesas de seguridad. Las lealtades se complican. La línea sanguínea y los acuerdos se ven desplazados por dilemas morales y lingüísticos. Sarfur retuerce la lengua para no poner en problemas al agente mientras sigue ocultando el escondite de su hermano, mientras continúa siendo su cómplice en la cruzada de un violento movimiento de resistencia del que querría poder escapar. Viéndose cercado, el muchacho comprende que ni su hermano palestino (ni sus correligionarios) ni su hermano israelí (ni menos la Shin Bet) lo ayudarán a mantenerse vivo. Sarfur comprende que él no es más que un mediador de intereses ajenos: vale por la información que pueda proporcionar u ocultar. Su poder siempre precario y traicionero es la palabra. Decide usarla. Le tiende una trampa al agente-casi-hermano, lo pone entre la pistola y la pared. Intenta sonsacarle si las promesas son algo más concreto que palabras, porque ya esas palabras a Sarfur no le sirven de escudo. Tampoco al agente podrán protegerlo. La caída, otra vez, se presagia compartida.

sufrir juntos

Revancha, de etimología francesa, es uno de los sinónimos del resarcimiento y la venganza. En Israel esos y todos sus equivalentes han venido a significar la imposición de c a s t i g o s c o l e c t i v o s ante un asalto individual donde la comunidad no estuvo necesariamente implicada —tampoco se pregunta si lo estuvo: el castigo debe establecer un precedente disuasivo—. El relato de la revancha tiene variantes. La primera dice: Por cada judío muerto habrá decenas de palestinos que pierdan la vida. (En versiones extremas algún nacionalista israelí ha dicho: «Por cada víctima nuestra habrá mil palestinas».) La segunda es igualmente dramática, y dice: Cometido un asalto suicida o un asesinato no solo se perderá la vida propia sino también la casa de esos otros que son la familia. Las apelaciones siempre serán negadas y la orden de desalojo llegará minutos antes de su ejecución, en manos de los mismos militares que llevan a cabo la destrucción del inmueble. No solo se trata de echar abajo la casa —símbolo de resistencia acechado por las compulsiones del desalojo—, sino también de la desposesión de la tierra donde estuvo la casa. De la imposibilidad de la familia del asesino suicida de desplazarse a otro lugar para rehacer sus vidas, en el caso de que pudieran solventar tal desplazamiento. Los que sobreviven a la violencia quedan marcados por ella en actos de desproporcionada venganza. No la del bíblico ojo-por-ojo sino la de un ojo-por-cuerpo —el del cuerpo colectivo—. Uno que para muchos israelíes es una suerte de cuerpo sin cuerpo, sin valor, sin reconocimiento, un fantasma del derecho. Acaso una de las paradojas sea que las instancias de aplicación de violencia son también las del encuentro cara a cara. Un encuentro con el otro en su vulnerabilidad. Es en esos casos —el del servicio militar es el ejemplo perfecto— donde a veces ocurre alguna transformación. En esto pienso volviendo al documental sobre el Shin Bet que he visto muchas veces en busca de claves. Rebobino con el cursor hasta dar con Yaakov Peri, director de ese servicio secreto en tiempos de la primera intifada, que dice, cuando me detengo. «Toda la violencia que se ejerce sobre los palestinos termina incrustada en los que la ejercen... por eso, cuando uno termina este trabajo se

vuelve un poco más de izquierdas», y sonríe. Su denta-
dura, perfecta, y escaso pelo sobre la cabeza. Retrocedo,
repito la frase asaltada por otro momento de reversibilidad: ejecutar la violencia es entenderla desde dentro y
recibirla de vuelta. Muevo el cursor, adelanto hasta encontrar a Peri explicando que la violencia no hace sino
alentar en quien sufre el deseo de ver sufrir al que lo
hiere. «Y la tragedia», dice Ami Ayalon, otro director de
la Shin Bet, acaso el más lúcido, «es que ganamos todas
las batallas pero perdemos siempre la guerra. Porque la
victoria de los palestinos, que ya casi no tienen Estado,
es ver a los israelíes sufrir». «Mientras más nos hagan
sufrir, me dijo», dice Ayalon, «un siquiatra palestino, más
los seguiremos haciendo padecer también nosotros. Seguiremos, para siempre, sufriendo juntos».

pequeño guión de la resistencia

Las guerras no hicieron sino empeorar la situación de los
palestinos. Las dos largas intifadas posteriores fracasaron:
la resistencia armada careció de apoyaturas duraderas.
Concitaron atención sobre el sufrimiento palestino, sacaron
a los ocupados de su invisibilidad, pero también man-
charon su nombre: atacar a civiles israelíes produjo un
comprensible rechazo y reforzó el mensaje de que la
ciudadanía israelí era la única víctima ensangrentada. El
pueblo palestino había entrado en una espiral perpetua
de violencia que acabaría por deslegitimar el legítimo
contenido de su reivindicación. No sirvieron tampoco

los intentos de acuerdo: las condiciones que imponía la potencia ocupante resultaron siempre inaceptables para los ocupados que carecían de alianzas sustanciosas o de fuerza negociadora. Hace una década que Israel viene anulando a los líderes que representan a los palestinos, haciendo de ellos *blancos selectivos* de sus ataques mediáticos o tachándolos de terroristas para silenciarlos. La protesta pacífica tampoco ha logrado detener el pesado brazo de un Estado cuyos líderes ya no se preguntan cómo encontrar una solución sino cómo hacer para vivir sin ella. No pocos críticos externos esgrimen esta conjetura: si será que no se busca una solución, si será que de fondo la única salida aceptable es la de la anexión de un territorio ya sin palestinos. Tampoco ha existido presión para que Israel busque una salida justa que cambie el curso de la historia: las ocasionales conminatorias de los Estados Unidos son siempre mesuradas y avalan el ataque en defensa propia con un exagerado presupuesto militar. Acaso el último recurso sea el boicot: una táctica ideada por los palestinos-de-la-diáspora extenuados por la marcha callejera, agotados del frustrante piquete pacifista, muchachos con educación universitaria y nuevas estrategias que se plantean la *cuestión palestina* como un desafío y arriban a la idea de un boicot en tres dimensiones. El intelectual, impulsando la suspensión de actividades académicas y culturales y turísticas en territorio israelí. El económico, orientado a promover la *desinversión* de bancos en compañías israelíes y a incentivar un alto al consumo de bienes producidos en Israel o de empresas que colaboran, aunque sea por omisión, en violaciones a los derechos palestinos.Y el judicial, exigiendo que se impongan las sanciones judiciales ofrecidas por la Corte Internacional de Justicia si Israel no desmantela los asentamientos ilegales. Me entero de esta táctica por los diarios pero encuentro una manera concreta de actuar a través de un grupo de acción propalestina que en dos líneas de email me pide que retire mi fondo de jubilación de una compañía que invierte en las retroexcavadoras encargadas de desmantelar los pueblos palestinos. No hay casi nada en esa cuenta pero no puedo, por principio, poner los centavos de mi vejez en la destrucción de más casas y más olivos y más familias árabes. Eso puedo hacerlo y lo hago, y a continuación anoto en mi cuaderno todos los productos del boicot como un recordatorio pero me veo agraviada, sin embargo, por la certeza de que es ilegal abstenerme de pagar impuestos que acabarán financiando la compra de armas que se usan contra los palestinos. Me pregunto también si el juicio abierto de la comunidad internacional traducido en un enorme boicot contra esta ocupación que envejece y para la que nunca se pensó una estrategia de salida podría cambiar el estado de ·la situación. Es una apuesta, y a ella se compromete uno de los Barghouti, el Omar que lidera ese movimiento que, sin amenazar la existencia de Israel, suma al boicot un esperable pero necesario petitorio. El regreso a las fronteras de 1967 (Oz y Grossman y otros intelectuales-sionistas estarían de acuerdo). El derecho de retorno a las tierras que fueron expropiadas en 1948 (Ilan Pappé aprobaría esto, pero no los escritores y menos los partidos políticos que han liderado el país). El reconocimiento de la igualdad de los árabes-palestinos que viven dentro de Israel, aun cuando este país no tenga todavía una constitución y no ofrezca, legalmente, ciudadanía igualitaria para los no-judíos. (El sionismo de derechas se opone a todas estas proposiciones.) Nada ha logrado movilizar a ciudadanos y políticos israelíes hacia el fin de la ocupación y ninguna nación u organización los ha forzado. Es por eso que Barghouti y los sofisticados muchachos-palestinos-de-la-diáspora han concebido la idea de tocarle el bolsillo al Estado de Israel.

no en nuestro nombre

Pensar los pequeños actos que desactivan el odio. Negarse a la violencia, simplemente por principio. Enseñar, a ambos lados de la alambrada, «a juzgar a la gente en función de sus actos y no en función de sus orígenes». Leo esta línea de la valiente abogada Leah Tsemel y aparecen en mi memoria las palabras del funcionario de la escuela integrada de Jerusalén. Doblo la esquina de la página para no perder a la abogada y regreso a la grabación, repaso la hora y media de entrevista con el funcionario-judío-norteamericano hasta que encuentro el eco que buscaba: las exactas palabras de Tsemel en la boca de Ira. «Hay que apostarle a una educación diferente.» Esas eran sus palabras hacía más de un año en mi grabadora, sus palabras salpicadas de estática. «Hay que saber crear una atmósfera distinta. Dejar de ver a los otros como *representantes* del gobierno o como *representantes* de Hamás, ver a cada persona por lo que es y lo que hace, como individuo responsable de sus actos.» Reflexiono sobre esta idea compartida que busca desactivar los prejuicios étnicos y liberar a los individuos de lo que hace el colectivo al que pertenecen. Tiro un poco más de este hilo y empiezo a encontrar los nudos de ese argumento: solo comprendiendo el contexto de un individuo se puede valorar el grado de resistencia y oposición a los seductores llamados colectivos a la violencia. Cuanto más poderosos los discursos dominantes por lado y lado, más brillan los gestos contrarios al odio. Gestos que recorren estas páginas y gestos que surgen y se multiplican ante cada nueva escalada de atrocidades. A las mujeres israelíes apostadas en las carreteras manifestándose contra el oprobio que sufren los palestinos se suman otras como Nourit Peled-Elhanan, que perdió a su hija adolescente en un atentado suicida y supo, más allá de la rabia, más allá de un dolor que nunca la abandonará, que la opresión israelí era la causante indirecta de esa muerte. A su asociación, la Parent's Circle Families Forum, que reúne a israelíes y palestinas que han concluido, como ella, después de perder a sus hijos, hermanos, parejas o padres, que «nunca habrá paz si no hay diálogo», se suman manifestaciones de judíos que piden no ser asociados con la arrogancia de la fuerza israelí, o sobrevivientes del holocausto que condenan la violencia que despierta en la franja de Gaza mientras avanzo, yo, hacia el final de estas líneas. El cruento ataque que empieza a desplegar Israel sobre ese territorio hacinado desata la indignación y los pequeños actos contra el odio de muchos que antes eran indiferentes a las acciones del Ejército israelí. Ante el estallido de cientos de cuerpos de hombres y mujeres y de cientos de niños gazatíes, se levantan cada vez más voces de vergüenza que en posteos y en columnas de opinión denuncian la violencia; son gentes airadas que toman el micrófono y se exponen a perder sus puestos de trabajo por sabotear el operativo militar, que salen a las calles y los parques para clamar por un alto al exterminio, que levantan carteles en todos los países donde viven, y gritan no, dicen no, susurran no, no este horror, no esta atrocidad. No en mi nombre, no en el nuestro.

paz, o un enorme cansancio

No sorprende que Susan Sontag eligiera referirse, en su discurso de recepción del Premio Jerusalén, a la «conciencia de las palabras». Las palabras, sugiere, no son mero material de trabajo: no son ladrillos neutros, cemento transparente, herramientas sin resonancias. Son sobre todo portadoras de múltiples significados que sirven para construir realidades. En ese discurso se pregunta Sontag a sí misma, y le pregunta a todo un auditorio de israelíes, qué significado se le atribuye a la palabra p a z. O *shalom*, que es también saludo y despedida, que en inglés es *peace*. Que en castellano tiene apenas tres letritas, pienso yo, como en hebreo, una lengua que se escribe sin vocales. *Shin. Lamed. Mem.* De derecha a izquierda. Vuelvo a Sontag que se pregunta o les pregunta y en su escritura nos sigue interrogando, a nosotros, a mí, por esa palabra que tantos intelectuales israelíes han debatido a lo largo de décadas. ¿Qué se quiere decir con paz? «¿Queremos decir *ausencia de conflicto*? ¿Queremos decir *olvido*? ¿Queremos decir *perdón*? ¿O queremos decir un *enorme cansancio*, un *agotamiento*, un *vaciamiento del rencor*? Me parece», continúa Sontag con severidad, «que lo que la mayor parte de la gente quiere decir cuando dice *paz* es *victoria*. La *victoria* de *su* lado. Eso es lo que significa para unos, mientras que la *paz* para los otros significa *derrota*». Y luego continúa diciendo —imagino a una Sontag impasible, una Sontag que levanta su rostro ya arrugado, sus pesados párpados, sus ojos negros, y mira al público entre las mechas de su pelo entrecano y a pedazos enteramente blanco, una pensadora evaluando la reacción de ellos mientras pronuncia estas preguntas acusatorias—, que aunque la *paz* es, en principio, deseable, si implica la renuncia a demandas legítimas, si es una paz a costa de la justicia, entonces lo más plausible es que ocurra la *confrontación bélica*. Y se atreve a decir, también, ante su auditorio israelí, que nunca habrá *paz* de la verdadera, de la que no supone vencedores y vencidos, de la que no exige sumisión, si no se detienen los asentamientos. Paso las páginas al final de su discurso y confirmo que la ceremonia estaba teniendo lugar en plena intifada, un segundo levantamiento que todavía estaría en curso a la muerte de Sontag. Y como si le estuviera dando apoyo, a través del tiempo y de los mares, como si se tratara de una conversación entre dos enormes fantasmas, un militar prusiano de hace siglos le da la razón a esta pensadora de lo contemporáneo. «Victoria», dice Carl von Clausewitz, «es la creación de una realidad política mejor». Eso sería una *victoria*. No la conquista, no ganar todas las batallas pero nunca la guerra, recuerdo que decía uno de los directores de la Shin Bet: cuatro bombardeos a Gaza en doce años no han posibilitado una mejor realidad política para nadie. Una realidad de *paz* que no implique *derrota*, en la que no se avizoren turbulencias futuras. Porque ni la *paz* ni la *victoria* pueden lograrse por medios militares. Una paz victoriosa solo puede construirse desde la libertad y la confianza mutua.

de una vez por todas

De camino al metro paso por la sinagoga de la esquina. Veo a tres judíos-ortodoxos, en su habitual negro, con su habitual kipá, conversando animadamente como conversan siempre los sábados. No me miran y yo no los miro, no me ven pero yo los oigo y sé que hablan de la guerra en Gaza. Que los maten a todos, de una vez por todas, dice uno, y lanza un insulto; los demás asienten con la cabeza, los que todavía están dentro de la sinagoga también, asienten los que están en sus casas mirando el bombardeo como si se tratara de un juego deportivo, asienten celebrando y felicitándose, que los maten, que se deshagan de esa escoria, de una vez por todas que la hagan desaparecer. Apuro el paso y no miro hacia atrás para no quedarme con sus rostros.

los otros vecinos

Amos Oz abandona su silencio sobre Gaza concediendo una entrevista a un medio alemán y anunciando que va a empezar la conversación de una manera inusual, lanzándole dos preguntas al público de ese medio. «Pregunta número uno: Qué haría usted si su vecino de enfrente se sentara en el balcón, tomara a su hijo en brazos y empezara a disparar hacia la pieza del suyo. Pregunta número dos: Qué haría usted si el vecino de enfrente cavara un túnel desde la pieza de su hijo para volar su casa o para secuestrar a su familia.» El defensor de un Estado palestino independiente, el opositor de los asentamientos, el intelectual consciente de que toda ocupación corrompe, compara a los soldados de Hamás y demás gazatíes con vecinos comunes y corrientes (vecinos que inexplicablemente han enloquecido) en vez de usar una comparación apropiada: menos que vecinos, los gazatíes son prisioneros de un gueto asfixiante, dispuestos a luchar contra quienes los han puesto ahí, preparados para resistir el asedio y para rechazar treguas que no incorporen sus demandas.

velas para un acuerdo

Vuelvo a mis apuntes todavía con la turbulenta *p a z* entre las manos y barajando las páginas en busca de *a c u e r d o*. Encuentro esta última palabra entre los términos favorecidos por Amos Oz, a quien reviso por enésima vez porque leerlo me ha obligado a mirar ciertas palabras a contraluz, y verlas. He discrepado de su modo de definir los términos aun cuando no soy ni israelí ni judía ni verdaderamente palestina, solo un poco árabe de apellido inverosímil y otro poco chilena pero ciudadana de diversos conflictos que me imponen «el deber elemental de dejar constancia» (así lo apunta, en alguno de sus libros, Susan Sontag). Y suficientemente entera, todavía, como para permitirme pensar el lenguaje del conflicto a contrapelo en vez de simplemente aceptar premisas ajenas. Alguien me ha dicho mientras escribo que no me corresponden verdaderas velas en este entierro, pero yo me digo que velitas me tocan. Las velas que arrastro prendidas desde la sangre. Las que me traje, apagadas, aquella vez, de Beit Jala. Las que estoy quemando al volver por escrito a Palestina cuando se enciende el terrible bombardeo de Gaza. Soplar las velas para no ver lo que sucede, guardar silencio pudiendo decir algo sería volverme cómplice. A mí y a todos nos tocan velas en este entierro que es el de nuestra humanidad. Velas de todos los portes y minúsculas llamas que me permitan iluminar algo de esa tragedia, a mí, así como antes otros le pusieron luz a otras desventuras étnicas. Velas pequeñas, las mías, para acompañarme ahora en el recorrido laberíntico de los acuerdos fallidos. Victoria de unos. Derrota de todos. Necesidad de avenencia, susurra Sontag en su punzante discurso y luego Oz, más conciliador o más calculador, aporta una definición de *acuerdo* que implica un difícil compromiso con renuncias por ambas partes. Es la idea que lleva años repartiendo por el mundo. «Cuando digo *acuerdo*», dice y escribe, prendiendo velas enormes como cirios por el futuro de su país, «cuando digo *acuerdo* no quiero decir *capitulación*. Quiero decir tratar de encontrarse con el otro en algún punto a mitad de camino».Y ese encontrarse, asegura, nunca será fácil. «Un acuerdo feliz sería una contradicción», acierta a decir o escribir, porque la idea de un consenso armónico, de una conciliación, es, asegura Oz, contraria a la palabra *acuerdo*. Este se valida precisamente en la posibilidad de la discusión y del disenso e implica la capacidad racional de hacer concesiones mutuas, de estar dispuestas, ambas partes, a renunciar parcialmente a los reclamos o posesiones que históricamente han ganado o perdido. Ni victoria ni derrota, en muy resumidas cuentas. Solo renuncias simultáneas y la aceptación recíproca de responsabilidades mutuas. Todo esto lo dice Oz, y yo vuelvo a pensar que esas *concesiones mutuas* de las que habla no han sido nunca un *encontrarse a medio camino* sino un exigirle a los palestinos que cedan a las condiciones impuestas por Israel. Grossman intercede desde otro ensayo avanzando la necesidad (también esgrimida por Sontag) de que los israelíes presenten alguna vez «un plan más audaz y serio», una propuesta que «los moderados de cada lado puedan aceptar».

el pregón del otro

Defiende, David Grossman, en un lenguaje paradójico, que las aspiraciones israelíes «deberían encontrarse con las del *enemigo*». (Me detengo aquí, descolocada por el uso de este término, quiero pensar que sus cursivas desenmascaran la semántica militar que se usa para hablar de los palestinos.) El escritor-pacifista insiste a continuación en que los israelíes deberían ponerse por encima del dolor (él de dolor sí que sabe), sobreponerse al pasado (en el suyo habita la pérdida), reconocer el derecho de esos otros (los *enemigos*), admitiendo que sus reclamos son fundados. «Reconocer la esencia del *otro* hará más difícil negarlo o ignorarlo como si fuera no-humano. Ya no podremos desentendernos, con nuestra habitual facilidad y habilidad, de su dolor, de su legitimidad, de su historia.» Vuelvo a la página donde Grossman escribe sobre esos otros en cuyo lugar es forzoso ponerse y se me mete en el cuerpo cierto resquemor. Cierta desconfianza, sobre todo, cuando él le asigna a la literatura un poder libertario, la posibilidad de trascender lo propio y realizar un enroque imaginario con aquel que es distinto. No pocos escritores sumergidos en situaciones de conflicto han visto en la capacidad de imaginar la condición necesaria para la empatía. La escritura literaria como dispositivo que nos permite encontrarnos con la humanidad esencial de los otros. David Grossman se atreve incluso a aseverar en un ensayo de su libro *Escribir en la oscuridad* que pensar el lugar del otro es «una obligación de quien escribe». Hay que permitir, asegura, con una fe inquebrantable en la literatura, «que el *enemigo* sea el prójimo, con todo lo que esto implica». Comprender su lógica. Sus móviles. Su visión del mundo. Las historias que se cuentan. Pero cómo, me pregunto, podría la escritura garantizar la reversibilidad de las perspectivas y producir, desde la letra, una verdadera transformación. De qué modo podría la literatura atravesarnos con una ética. *Volvernos otros*.

paradojas de la empatía

E m p a t í a, pienso ahora, otra vez separando letras en mi cabeza, deslizando el dedo por un artículo sociológico en busca de ideas que amplíen mi dilema sobre el pensamiento del otro y su pregón contemporáneo. Se trata de una palabra griega, leo, a saltos, que instala en el vocabulario la capacidad de sentir, de emocionarse, de participar de lo que siente alguien que no somos nosotros, que no soy yo. E m p a t i z a r es atravesar el muro o el espejo que representa otro y sufrir con él o ella desde su circunstancia. Es un movimiento que recurre a los afectos, contrario a la rigidez del fanatismo. Es identificarse en la desgracia, sobre todo, eso es. Hacer propio su dolor. Pero hay una contrariedad en este sentir, y es que se puede empatizar con la víctima de la misma manera en que se puede empatizar con el agresor. Implicarse en el sentimiento del palestino desalojado tanto como en el del joven soldado obligado a desalojarlo o del colono que ocupa ilegalmente el hogar de ese palestino e incluso con el de los hijos del colono que han nacido en esa casa y que sin duda se sienten no solo dueños de ella sino que también parte de la misión que esa casa cumple. Empatía con el que defiende sus paredes con uñas, con dientes, con balas y sin piedad. La total empatía es entonces un nudo ciego que no se desata simplemente usando el mandamiento ético de imaginar a los otros en el lugar de la víctima. La posibilidad de la empatía como virtud literaria nunca podría (acaso no *debería* nunca) bastar para las decisiones políticas. Incluso podría volverse, la empatía, señala un sesudo empatólogo, una herramienta políticamente adversa. Con quién empatizar en una situación compleja podría invalidar toda acción (la clausura de los asentamientos ilegales) y dejar como única alternativa la deriva de la venganza (la resistencia palestina). Acaso haya que suspender entonces la fe en ese sentimiento y volver a las implicaciones éticas del desalojo. Acudir a una política incluso contra-empática, basada en el análisis de las obligaciones morales. Y no se trata de esgrimir un discurso contra la empatía y desterrarla por completo a favor de una calculada neutralidad o del fanatismo, asegura otro experto, porque la empatía es imprescindible para convertir la razón en acción: porque nos ponemos en el lugar del otro es que nos manifestamos y decidimos hacer algo para detener la violencia o el abuso al que se le somete. Pero la acción política no solo debe verificarse en el sentimiento de empatía que nos provoca la situación del otro, sino que fundarse en la justicia de la reivindicación.

glosa del compromiso

Y voy llegando, apurada, bombardeada por noticias de muerte, al final de esta glosa sin haberme ocupado del c o m p r o m i s o político de los escritores. Le he dado vueltas al engañoso encontrarse-a-medio-camino de la *paz* y a los paradójicos usos de la *empatía*, pero he esquivado la pregunta por el rol del escritor en conflictos que exceden las posibilidades de la letra. No tengo intención ni tiempo de volver a la ajada disquisición sobre la complicidad del escritor en la necesaria transformación del mundo. Al comentario no siempre acertado de que aquellos que llenaron sus obras de denuncia simplificaron su escritura hasta reducirla a meros lemas. A la idea de que quienes pusieron su arte al servicio de una causa abandonaron los alcances simbólicos y la complejidad estilística porque temían que la literatura no consiguiera ser más que una incisión acotada e imprecisa sobre la realidad. Es verdad que el trabajo político del lenguaje estético puede ser demasiado sutil o sinuoso o lento en reaccionar, puede que su fuerza radique en la contundencia de las preguntas más que en las respuestas que propone. Que la literatura está destinada a interrumpir y a complejizar la lengua reductora de ciertas causas. Que importa desconfiar de los discursos que obligan a adhesiones ciegas, y explorar, en vez, las contradicciones del pensamiento y las pulsiones que se oponen a las órdenes del sentido común. Mirar la excepción, lo singular, ampliar la mirada y aguzar el sentimiento crítico sin pretender imponerlo. No me sirve, en el apremio de un genocidio, repetir que la literatura es una de las modulaciones de lo político, acaso la más libertaria, porque ejerce sus funciones por fuera de toda institución y contra ella. Que habita la zona tambaleante de las ideologías. Que no puede comprometerse más que consigo misma, eso escribo, escribo, se me van borrando las huellas de los dedos o las voy dejando junto con mi apellido en la superficie del teclado, y sé que estoy esquivando todavía una respuesta aunque estoy intentándola pero mueren mujeres y revientan niños y viejos y hombres en Gaza convencidos de que deben luchar por su libertad, es decir, por su vida. ¿Qué debería estar haciendo alguien que escribe con esas palabras que portan la consigna de una cierta destrucción?

contra la certeza

Bombardeados como estamos por la contingencia se puede perder el sentido de las palabras, uno puede verse tentado a trampear los significados, a manipular las metáforas, a desatender la rigurosa búsqueda de la verdad que subyace a las palabras. La única responsabilidad en la escritura del conflicto, me digo, es la de refutar la malversación del l e n g u a j e: esa es la palabra clave, me recuerda, en la esquina de una hoja marcada con un círculo de café, Mourid Barghouti. He subrayado las líneas finales de su testimonio, donde el poeta declama contra los «mayordomos de la guerra» que son, para él, muchos voceros del poder y periodistas, que «debemos restituirle a cada palabra su especificidad, volverla resistente a los procesos de vulgarización colectiva y establecer nuevas relaciones entre esas palabras para así crear una percepción nueva de la realidad». La literatura se separa de la vulgaridad común de los discursos hechos y de esa manera constituye, en sí misma, un acto de resistencia o de rebelión o de amotinamiento contra las formas dominantes pero reductoras, banalizadas e hiperbólicas de la expresión política. «Los escritores serios» (esta idea es de Susan Sontag), «los creadores de literatura, no solo deben expresarse de manera diferente a los mensajes hegemónicos de los medios, deben, además, oponerse a ellos». Hay que fracturar con el lenguaje la asfixiante dicotomía a la que nos somete el discurso político, uno que intensifica dramáticamente las posiciones binarias (contra el *enemigo*, contra el *traidor*) cuanto más prolongado es el conflicto. El pobre idioma de la dicotomía acaba reemplazando toda complejidad y todo pensamiento crítico. Tal vez ese sea el único compromiso posible. El de volverse hacia la historia para poder retratar el presente. El de trabajar contra la generalización, contra la conversión a estereotipos y al desparramo de opiniones que aniquilan la verdad. Me amparo en la sentencia de Sontag donde asegura que la sabiduría de la literatura es contraria a la certeza. «Nada es mi última palabra sobre algo», escribe. Porque la certeza abarata y desbarata la tarea del escritor. Es necesario siempre patrocinar el acto de la reflexión, ir en busca de la complejidad y de los matices y contra los llamados a la simplificación. Siempre contra la supuesta universalidad de la experiencia personal que tiene un valor limitado, una verdad acotada, porque escribir es hacer ver que «mientras algo ocurre algo más está sucediendo». La exploración de ese *algo más* es la tarea, advierte Sontag, o advertía, todavía viva durante la cruenta intifada que ahora, por Gaza, podría reiniciarse. Ella, que vivió y escribió en Sarajevo durante su largo asedio, sabe que abordar estas complejidades no es una tarea fácil, entiende que ese *algo más* hay que descubrirlo y trabajarlo a través del lenguaje.

quitar el seguro

Tecleo estas últimas palabras sobre la pantalla para borrarlas de inmediato con otra tecla; mientras caen nuevos misiles y se levantan llamaradas de fuego, yo vuelvo a empezar con la seguridad de que aunque borre las letras y aunque acabara por desaparecer mi apellido ya no hay marcha atrás: adquirí un compromiso palestino cuando escribí la palabra regreso y la inscribí en mi presente. Cuando me propuse desnudar cada palabra y exhibir su alucinada obscenidad. Cuando arropé ciertas formas de decir las cosas para proteger su sentido puesto en riesgo y para restituir los significados que han sido desplazados como si ya tampoco tuvieran derecho de retorno. Me comprometí cuando me impuse examinar la gramática de los silencios que dejan en blanco las páginas necesarias para enfrentar este conflicto, esta crisis. Cuando empecé a pensar, incesante y obsesionadamente, en la transformación de la realidad que ciertas palabras habían llevado a cabo, todas juntas, todas por separado, a lo largo de décadas. Cada palabra haciéndose parte de un complejo sistema que estructura la manera en que entendemos la historia palestina y la narramos. Sus atributos morales. Sus sobrentendidos ideológicos, movilizados para servir a las proyecciones y los proyectos del poder. Ya no hay manera de volver atrás, de volverse hacia nadie en busca de refuerzos: cada palabra es un muro alto y liso que requiere ser echado abajo, aun cuando la granada que lo destruye pudiera explotar sobre la mano que escribe. El dedo sobre la tecla. El seguro que se retira antes del lanzamiento.

NUEVA YORK, 2014

Mientras terminaba de escribir «Volvernos otros» tres jóvenes colonos fueron secuestrados y asesinados. Ningún grupo palestino se adjudicó ese crimen pero la represalia comenzó de inmediato: el Ejército israelí realizó redadas día y noche hasta apresar a todos los representantes de Hamás, aun sabiendo que no eran ellos los responsables de ese crimen, mientras exigían el fin de la alianza política entre Hamás y Al-Fatah en la Autoridad Nacional Palestina; los colonos, por su parte, tomaron venganza por mano propia. Al habitual acoso de la población de los territorios sumaron violencia física: varios jóvenes fueron brutalmente golpeados o voluntariamente atropellados, y uno de ellos, un palestino de dieciséis años, fue obligado a tragar combustible y luego quemado vivo en Jerusalén. En ese clima de crispación, instigados por la toma ilegítima de prisioneros, Hamás inició el bombardeo desde Gaza al que Israel respondió, como suele, sin atender a los principios legales de toda contienda: aplicando fuerza de manera desproporcionada y sin distinguir entre la población civil y la combatiente. Es como si el blanco del Ejército fueran todos los gazatíes y esta intervención, otra etapa de una política de exterminio que suma décadas. Al cierre de estas páginas han muerto, dentro de un territorio cercado (son apenas 45 kilómetros de largo por unos ocho kilómetros de ancho) del que no hay escapatoria, casi dos mil palestinos, la mayoría civiles, centenares de ellos menores de edad. Miles han quedado mutilados. El bombardeo ha arrasado barrios enteros, ha derribado hospitales, cercenado cientos de mezquitas, destruido colegios e incluso centros de acogida de las Naciones Unidas descuartizando a mujeres y niños que tampoco pudieron escapar. Contados ciudadanos israelíes han sido tocados por los bombardeos: la mayoría soldados. La potencia ocupante ha realizado una invasión terrestre con el pretexto de cerrar los túneles utilizados por la gente de Gaza para resistir el cerco. Por esos túneles entran armas y escapan terroristas, ha dicho Israel para justificarse, pero por esos túneles entran también los alimentos y las medicinas que sucesivos gobiernos israelíes han fiscalizado con mezquindad a lo largo de ocho años. Gaza es ahora una ciudad sin luz, sin agua potable, sin comida fresca, sin medicinas, sin techos, con cadáveres por doquier. La ficción de una tierra desocupada e infértil empieza a realizarse en esa franja sembrada de pólvora, y no hay esperanza, por ahora, de que cese definitivamente el fuego. Debido a la masacre en curso yo me vi forzada a suspender el viaje que tenía previsto al pueblo de mis abuelos. Como el de ellos hace medio siglo, mi regreso —lo que hubiera sido un auténtico volver— ha sido impedido por la desigual contienda.

ROSTROS EN MI ROSTRO

A Xadi Rohana,
entre lugares y entre lenguas

Alguna gente no puede ver lo que yo veo cuando observo el rostro de tu padre; tras el rostro actual de tu padre viven todos los rostros que fueron suyos.

JAMES BALDWIN

Mi rostro es el espejo de una gente difunta —una gente extinta.

CHRIS ABANI

Si tu rostro es ya una mentira, ¿por qué no volverlo una ficción?

NAMWALI SERPELL

I. Rostros errados

equívocos

Es madrugada, es octubre, es el aeropuerto de Tegel, y yo estoy viajando a alguna ciudad. Ámsterdam. Atenas. Han sido demasiados los vuelos iniciados en Berlín y todos los destinos me parecen el mismo. Sarajevo. Roma. Estambul. Todos los agentes de migración y sus expresiones de fastidio en interminables esperas. Venecia. Londres. París. Los idénticos *duty-free*, el aire pesado de perfumes que marean, los cigarrillos de señales cancerígenas, los licores sin señal, chocolates en bolsas negras. Sánguches languideciendo con hojas de lechuga asomadas por los bordes como lenguas muertas. Voy con un café negro equilibrado en una mano. La otra arrastra mi maleta por el amplio pasillo del aeropuerto en busca del embarque. A falta de escaleras mecánicas me meto al ascensor. Conmigo sube una pareja vestida de vacaciones: jeans rotos, poleras, zapatillas deportivas y dos maletas enormes. Él lleva un pañuelo de pirata atado a la cabeza. Silencio mío mientras ascendemos, los tres. El pirata se gira hacia mí y, esbozando una sonrisa, me pregunta si soy hebrea. *You are hebrew?*, dice, así, en inglés, dando por cierto que lo soy. Extraña manera de indagar si soy judía o si soy israelí mezclando la identidad religiosa y nacional con el idioma. *Hebrew*, me digo quedándome sin aliento: todo se mueve dentro de mí menos el aire. *En chul di gun?*, balbuceo en alemán pero de inmediato regreso a la tierr̩a firme del inglés: *Hebrew?* Evito los ojos del pirata que debe hablar hebreo. *Why?*, insisto sintiendo mi voz desafinada, mi voz irritada, llenándose de sarpullido. *Do I look like one?* El pirata duda un momento con la sonrisa todavía planchada sobre el rostro, escuchándome decirle que quizás me haya visto otra cara, *my mediterranean face*. Me he pasado años explicando que no soy ni francesa ni italiana ni griega ni egipcia ni española ni turca ni marroquí, que ni siquiera soy del todo palestina, por más que el ojo entrenado de la Seguridad Israelí haya advertido al instante mi palestinidad la única vez que viajé a Palestina. Mediterránea, *of course*, responde conciliadora la novia del pirata, tratando de rescatarlo de su naufragio. Pero él inhala con absoluta confianza y asegura que no es solo mi rostro. *We hebrews are very lazy*, insiste, incluyéndome en su *we*. Se nos reconoce porque en vez de subir escaleras tomamos el ascensor. *Like you*, dice, en sus dientes el brillo de un triunfo. Como yo, repito, como yo, bajando la vista hacia el café que ahora arde en mi mano izquierda. La derecha sujeta mi maleta. El café caliente y mi dificultad de asegurar pies en escalones, mochila en hombros. Y quiero aclararles que es por el peligro de un café desequilibrado o de un tropiezo y una caída que estoy en este ascensor. No por floja. Menos por hebrea. Pero las puertas se abren y comprendo que la respuesta es otra y me animo a decirles que no soy ni israelí ni judía, que soy palestina, o de familia palestina, que para ellos debe ser lo mismo.

árabe en hebreo

No era la primera ni sería la última vez. Años antes una mujer se había acercado a pedirme la hora en una esquina de Jerusalén en una lengua que no reconocí. Me disculpé diciendo en inglés que no hablaba ni hebreo ni árabe, pero la mujer empezó a increparme en una lengua que entonces sí identifiqué, porque empinó la voz para exclamar, airada, *aravit!, aravit!* Y entendí que su *mi po medaber aravit bijlal* correspondía a la rabiosa pregunta, quién habla árabe aquí. Cómo me atrevía yo a pensar que ella pudiera ser árabe. Pero ella me había hablado en hebreo, pensé, ella me había mirado, me había visto la cara, había creído que le hablaba a una israelí.

lo retorcido

¿Cuántos rostros hay en un rostro? Escruto ahora el mío en el baño del aeropuerto berlinés. De frente. De perfil. Como si nunca me hubiera detenido a contemplar las arrugas de mi frente, mi encuadre de nariz, el lunar afantasmado en la mejilla, la piel languideciendo y el tenor de mis ojeras. Mis ojos algo chuecos. De tanto mirarme he dejado de verme, ver lo que escondo, y ahora examino mi rostro en busca de lo que otros ven en mí. Me froto la cara con agua fría queriendo borrármela. Borrar de ella lo que no siento como propio. Pero no debo borrarlo todo porque cada rostro contiene todos los rostros que nos preceden. Cada rostro es único pero puede envejecer, puede enfermar, puede quemarse o deformarse o desfigurarse, puede ser arrancado de cuajo, puede ser reparado o reemplazado por otro rostro en una cirugía de trasplante. ¿Sin su rostro original puede una persona seguir siendo la misma? Vuelvo a encontrar mi cara ya lavada en el espejo, me paso agua por el pelo y me seco las manos en los pantalones y las contemplo, limpias pero llenas de huellas que también son mías, que también soy yo, y entonces recuerdo que incluso las huellas de los dedos se van borrando con el tiempo.

shit!

Ahí se quedaron el pirata y su novia-conciliadora, plantados en la puerta de embarque de un vuelo que se dirigía de Berlín a Tel Aviv. El avión turco que tomarían es el mismo que voy a abordar yo en unos meses, con mi pequeña maleta en una mano, con otro café negro. A la cola del vuelo, que esta vez es a París, llamo a mi hombre para despedirme y de paso contarle la traición de mi rostro. Siento el chasquido de su encendedor, sus labios flacos aspirando el humo y exhalándolo lentamente mientras me escucha soltar un cómo se atreven, en voz baja. Imagino que mi hombre deja ver su mezcla de dientes postizos y originales, la ironía plegando sus mejillas de breve barba entrecana, su piel morena de medio gallego y algo gitano que hay quien confunde con egipcio. Sabe que es mejor no interrumpirme, es mejor dejarme murmurar mis maldiciones. Solo cuando me callo me recuerda que podría haber sido peor, siempre, siempre, siempre puede ser peor. Ya lo sé, acepto, monótona, ya sé que no me ha pasado nada ni ha cambiado nada dentro de mí. Acuérdate de mi novia, dice dándole otra calada a su cigarrillo, tratando de consolarme. ¿Qué novia?, respondo irritada sabiendo que se refiere a esa antigua polola suya que yo nunca conocí. Nunca he visto su foto porque él ha destruido todos los retratos. Esa polola, ni siquiera sé su nombre pero sí la historia que a él le gusta recordar. Esa polola o expolola que no encontraba su lugar en el mundo de los parecidos. Su cuerpo era vietnamita pero había sido adoptada por un padre puertorriqueño y una estadounidense rubia de ojos claros. La ex se había criado entre blancos y asistido a un colegio público de New Jersey donde solo ella era oscura, rasgada, delgada, minúscula, y ella lo sabía pero lo olvidaba como si llevara una máscara, como si viviera tras esa máscara, como si la máscara hubiera usurpado su rostro. Encontrarse ante el espejo era despojarse de esa ilusión. *Shit!*, exclamaba ella estremecida, *shit*, sobresaltada, *I'm not white!*

paleta familiar

Debería haberle dicho a mi hombre que ese desajuste de identidades lo estaba encontrando por todas partes, se había vuelto un lugar común de todos los lugares de paso —aeropuertos, hoteles, museos, centros comerciales— atravesados por gentes anónimas y diversas. Pero era hora de apagar el teléfono y eso hice, subiéndome a ese avión que de inmediato iba a olvidar, y mientras encontraba el número de mi asiento pensé en otra escena de desajuste sacada de las páginas de un libro que acababa de leer. Sonaba el timbre en la puerta de los Helal. Quien tocaba era una inspectora de la Oficina del Censo de Ohio convencida de que había un error en la ficha de ese hogar. ¿Cómo era posible que bajo un mismo techo vivieran cinco personas pertenecientes a una sola familia y que hubieran marcado tantas categorías étnicas distintas? *White Non-Hispanic. African. African-American. Multiracial. Other.* El señor Helal abrió la puerta y escuchó atentamente a la inspectora y le pidió que esperara un momento mientras llamaba a su mujer y a sus tres hijos dispersos por la casa: «*Aaazza, Maarrrwaa. Haatem, Yaassserrr*». Cuando Azza, Marwa, Hatem y Yasser estuvieron reunidos en la sala, el padre sonrió complacido y le sugirió a la censora que mirara bien a cada uno y le dijera qué veía. Qué veía. Yo había logrado ver esa escena mientras leía el libro de Marwa Helal: la hija contaba que su padre era profesor de biología y disfrutaba planteándoles ese problema a sus alumnos en la universidad, y yo, profesora universitaria, hija de un médico que durante años fue profesor, podía imaginar a don Helal viendo si sus estudiantes podían descifrar la raza en un rostro. La raza que, aunque ambigua como categoría y concepto cuestionable, continúa en uso como si sirviera para entender algo. ¿Qué les dice la forma de los ojos?, imaginaba yo que preguntaba míster Helal. ¿Los dientes juntos o separados? ¿El molde del cráneo? ¿Hay verdades en los rasgos? ¿La fisonomía revela algo de las personas? ¿Y el rostro, pueden leer algo en el rostro? Sin saberse parte de ese examen, la empleada del Censo observó la gradación de tonos —*shade*, había escrito Helal, más cerca de sombra que de color— que iba del marfil de la madre al café oscuro del padre mientras los hijos se repartían por la paleta familiar. La inspectora guardó silencio y el padre concluyó su lección: *We are from Egypt. Do you know where Egypt is?* Ella vaciló: *Africa?* El padre asintió satisfecho y no sin malicia quiso saber si eso los volvía a todos ellos africanos o afro-americanos o árabes o una multiplicidad inexpugnable. Nos confunden con casi todo, dijo el padre y todos, incluida la censora, estuvieron de acuerdo.

ilusión óptica

Ser objeto de duda en cada lugar al que se llega. El escritor Chris Abani, hijo de un nigeriano igbo y de una inglesa blanca dice haber sido confundido, en África, con libanés, indio, árabe y nómade fulani, pero no en Inglaterra, donde invariablemente es visto como un negro de origen desconocido, ni en los Estados Unidos, donde a veces pasa por dominicano panameño cubano. En Nueva Zelanda, maorí. En Australia, aborigen de alguna tribu. En Qatar, pakistaní. En Sudáfrica, zulu. En Egipto, perteneciente al pueblo nubio. En lengua yoruba él sería un *agemo*, un camaleón, alguien capaz de camuflarse para defenderse de las agresiones, pero en ningún lugar es

Abani un hombre invisible: su rostro es visto con suspicacia en ciudades extranjeras y propias, en casas ajenas y familiares. ¿Quién eres? ¿Hijo de quién? ¿Estás seguro? ¿No serás hijo adoptivo? ¿Pero estás seguro? ¿Por qué es tu hermano más blanco que tú? ¿Qué pasó contigo? Y lo que narra Abani no es tan distinto de lo que cuenta la ensayista Namwali Serpell, «mujer de raza mezclada» que ha sido vista como china mexicana dominicana egipcia eritrea etíope somalí española y tailandesa, en ese orden. Ni es tan distinta esa confusión que la que recita Marwa Helal en un poema que encuentro en mi disco duro mientras el avión se dirige hacia París, lleno de gente disímil. Gente que puede incitar a errores de clasificación. «*Confused with*». Así empieza la enumeración. Es brasileña en Egipto, colombiana en Brasil, dominicana griega italiana iraní india pakistaní malaya mexicana española puertorriqueña. En Michigan es nativa de alguna tribu indígena, y en Ohio, la ciudad donde creció, es, como yo, tomada por judía. Helal aumenta la confusión obligándome a adivinar ese último origen que le asignan al restarle cuatro letras cuando escribe, en inglés, la palabra «*I----li*».

esa es la pregunta

¿Eres israelí? Esa otra vez yo estaba sentada en una barra, en otro anónimo aeropuerto. Llevaba un rato conversando con el *barman* que me había servido un malbec argentino mientras yo aguardaba el anuncio de mi puerta de embarque. Intercambiamos trivialidades porque esa es la regla en una encrucijada con extraños: hablar de cosas que no ocupen sitio en nuestras maletas, que no entorpezcan las despedidas, que no nos carguen de inesperado sobrepeso. Pero no era trivial sino arriesgado lo que el *barman* acababa de preguntarme: si yo era israelí. Ese *barman* grande y grueso debía llevar horas de pie sirviendo copas pero la conversación no solo es un arte arriesgado, es un sueldo, una propina que se gana o se pierde con una palabra equivocada. Israelí. ¿Nunca le enseñaron que en la mesa no se habla ni de política ni de religión? Negué con la cabeza. Soy árabe, dije. Soy palestina. No me molesté en explicarle que asimismo era de Chile aunque yo no vivía en ninguno de esos lugares. Aunque escuchaba un acento en su inglés no tenía ni la menor sospecha de dónde era él, solo intuía que no era israelí. ¿Era judío, acaso? Se mordió los labios. Era judío, un judío-ruso que sabía cuán inconveniente era el haberme confundido. Empezó a explicarme, como si se estuviera disculpando, que él no seguía los preceptos de la religión, tenía muchos amigos judíos que tampoco seguían esos preceptos, amigos musulmanes, amigos cristianos. Todos toman vino, dijo, levantando mi copa, vacía como mi rostro, toman cerveza y licores, y fuman, y van a fiestas, como si de eso se tratara la cuestión. Pedí la cuenta y cuando regresó con mi tarjeta yo volví a contemplar su cara redonda buscando signos de lo judío e incluso de lo ruso. No encontré más que una expresión teatral que imité poniéndome encima una mueca fría, unos ojos espeluznados mientras declamaba para mí misma, ¿cómo es un rostro israelí?, ¿de qué color es la piel israelí, los ojos israelíes, el pelo, los dientes? Le dejé la implacable propina y apuré el paso hacia mi puerta ya anunciada en el panel, preguntándome mientras me alejaba si el *barman* creería que las décadas de migración y de ocupación en Palestina habrían igualado a todos esos judíos provenientes de lugares tan distantes entre sí, los europeos salvados del holocausto, los ladinos expulsados de la península ibérica y los que aun antes siguieron a Moisés, ese judío-egipcio, acaso negro, que liberó a los israelitas en un éxodo bíblico. ¿Moisés tendría cara de israelí?

por las dudas

Y es en la eterna fila de migración en el aeropuerto parisino donde caigo en cuenta de que llevo años juntando evidencia de que los rostros son signos confusos. Junto a mí van portadores de rostros que entregan sus datos para ser inspeccionados a la vez que intentan esquivar el enraizado afán racista de definirlos, distinguirlos y diferenciarlos de una población local igualmente variada. Porque es en las fronteras donde se pone en escena el intento por etiquetarlos, estereotiparlos, estigmatizarlos. Avanzo en la fila de los extranjeros sabiendo que fingir que la diferencia no existe pudiera ser asimismo racista: ser diferente no solo no es negativo sino que es un hecho legítimo. Habría que insistir en que nadie es igual a nadie, que cada cuerpo es una variante de lo humano. Es precisamente esto lo que se quiere negar. Se quiere jerarquizar en el caos de la mezcla. Se quiere poner orden, se quiere llevar registro de la población. Esto ya me lo había explicado una tía-lejana que sabe de demografía; fue ella quien me sugirió examinar los censos cuando le conté que viajaría a París a tratar el tema de la migración palestina en Chile. Ándate a los censos, escribió en un mensaje de texto. Allá voy, respondí yo, y allá fui, antes de partir, al catálogo de la Biblioteca Nacional de Chile donde estaban listos para ser descargados. Y fue pasando páginas amarillentas escaneadas en mi pantalla que evalué los criterios de contabilidad establecidos en 1907, criterios que iban desde el género a los oficios y de la instrucción a las deformidades y enfermedades de la población, hasta que llegué a las nacionalidades. Porque quería entender, para poder transmitirlo después, qué habían examinado los chilenos de antaño al trazar distinciones. Descubrí que en los años de la migración de mi abuelo-todavía-Issa y de mi abuela-aún-Milade las categorías eran demasiado gruesas: la «población de almas extranjeras», se decía en el censo, era tan pequeña que solo se clasificaban en naciones si eran numerosas sus almas, porque, si eran apenas almitas, las juntaban todas bajo los imperios que las dominaban. En el exhaustivo pero inexacto censo de 1907 se apuntaba que los migrantes eran, sobre todo, peruanos y bolivianos y españoles recién llegados, seguidos de italianos, ingleses y alemanes. Y los árabes debían haber sido muchos entre los 1.729 que se catalogaron bajo «Turquía». La excepción eran los 16 habitantes que se sumaban en «Ejipto», porque ellos ya se habían liberado de los otomanos. Y cómo saber si eran árabes los 4 sujetos que aparecían en «África». Era más impreciso de lo que yo hubiera anticipado, pero debía tener en cuenta que a inicios del siglo pasado algunas naciones todavía eran etnias y religiones no constituidas en cuerpos políticos definidos por fronteras. A esto se añadía que el conocimiento geográfico y cultural de los censores era escaso, y que a falta de personal capacitado, el Estado debió recurrir a cientos de voluntarios para ir puerta a puerta por el largo y angosto país. No me detuve en ese censo, seguí buscando poseída por la curiosidad y por la facilidad del acceso a un documento monumental que en otras circunstancias me hubiera sido imposible conseguir. Apenas trece años después, en el ajado censo de 1920, emergerían ocho naciones antes ausentes. Una nación: los «polacos» encontraban su lugar. Cuatro: «serbios», «montenegrinos», «eslavos», «rumanos», anteriormente agrupados bajo «Balkanes» (sic). Las restantes tres naciones le habían restado gente a «Turquía», que entre uno y otro censo descendió de 1.729 a 1.282: aparecieron los «árabes» (1.849) distinguidos de los «palestinos» (1.164) y de los «sirios» (1.204), y no se estipulaba la existencia ni de libaneses ni de jordanos pero sí de egipcios, que continuaban siendo escasos en esos años, apenas 23. Mientras escribía mi ponencia migratoria me había preguntado por qué esos egipcios estarían separados de los árabes y de los africanos: ¿serían blancos?, ¿serían judíos? Los censores no supieron de esas complejidades o no tuvieron tiempo para preguntar o no se preocuparon por tomar nota o nadie les dijo que el color o la casta importara entre los censados por más que esa inquietud seguía viva en las preocupaciones estatales. Sea como fuere, cuando los levantinos empezaron a hacer su incalculable arribo, los chilenos, que se creían blancos (aun cuando descendían de pueblos indígenas, por un lado, y, por otro, de españoles, es decir, de europeos ibéricos mezclados con árabes y judíos), no sabían si esos migrantes calificaban o no como blancos. Por las dudas los dejaron entrar.

excuse muá

Estaría apenas unos días más en ese barrio parisino relativamente cerca del aeropuerto, y lejos, relativamente lejos, del museo del Louvre que decidí no visitar la vez que estuve en París. Era una veinteañera, yo, y me había costeado ese viaje con mi escaso sueldo de instructora en una academia de inglés. Había conseguido que alguien me alojara en una colchoneta en el borde de una sala y me regalara un café matinal. Pero en París había caminado tanto, dormido tan poco, comido aún menos y perdido tantos kilos que se me caían los pantalones todavía abrochados. Me había ido andando al Louvre, decidida a entrar, y hubiera entrado pero el boleto era mi presupuesto del día y el sol coloreaba las calles. Corría la brisa, me desordenaba la melena que entonces llevaba suelta. Han pasado treinta años y mi pelo va recogido en un tomate y este París sombrío está cubierto de nubes mientras desciendo por debajo de la pirámide de cristal y pago, diligente, los quince euros con la idea de quedarme lo mínimo en este museo lleno de valiosos objetos antiguos y conectado con tiendas de objetos caros sin valor. Parto a la caza de las pinturas neoclásicas de la Revolución francesa que, ahora, como profesora universitaria, enseño en un curso de artes modernas. Solo quiero ver los rostros que han quedado bajo la sombra, rostros de mujeres y niños que las fotografías en línea no reproducen con suficiente luz. Tres o cuatro pinturas revolucionarias y el retrato de la anciana Monalisa, me prometo, entrando y saliendo de salas de artes etruscas griegas persas entrando y huyendo de salas romanas como si me persiguiera un gladiador. Atravesando la sobrecargada sala egipcia me detengo momentáneamente ante un estante lleno de gatos momificados: sus ojos tristes algo saltones me empujan fuera de la sala y sigo andando cada vez más desorientada. No logro dar con las pinturas que preciso entre las renacentistas y las medievales. Y ya voy apurando el paso junto a caras y máscaras funerarias de grandes ojos maquillados que los turistas, más que mirar, ciegan con el flashazo de sus cámaras. Veo entonces a un guardia parado en una esquina e intento hablarle en su lengua, *excuse muá*, tartamudeo buscando palabras perdidas en mi propia antigüedad. Tanteo si *parla anglais ou espagnol*, y sí, *oui*, retruca él, *un peu d'anglais,* y de inmediato lo demuestra, *just a little*. Pido en inglés indicaciones para la sala de Jacques-Louis David, ese artista o contorsionista de la política que logró, sin morir en el intento, pintar para el odiado rey Luis que lució una peluca empolvada hasta ser guillotinado, que retrató al temido Robespierre con su peluca negra poco antes de que su cabeza corriera la misma suerte, y que inmortalizó a Napoleón Bonaparte, mechas al viento, atravesando los Alpes sobre un caballo petiso que lo hace parecer enorme. Pero este guardia no es uno de esos hombres blancos y bajitos del siglo dieciocho europeo. Es alto. Es delgado sin ser flaco. Lleva la cabeza rasurada en pleno siglo veintiuno, y es en este siglo que alarga su dedo para indicarme una puerta disimulada en el amplio pasillo de mármol rosado. *Right there!*, dice, *you see?*, con entrenada gentileza. Sigo la flecha que dibuja su dedo. Quiero responderle *merci, merci beaucoup*, o al menos *thank you, Monsieur*, pero lo que surge de mi lengua extenuada por el absurdo doblaje en el que vivo es un *danke schön* completamente fuera de lugar. *Vielen dank*, y me detengo al constatar que el alemán que estoy aprendiendo en Berlín ha eclipsado todas mis segundas lenguas. Él se apiada de mi colapso lingüístico y se ríe, divertido, sus dientes alineados, envidiablemente blancos. En cuanto me doy la vuelta escucho que el guardia murmura, intempestivo a mis espaldas, *you don't speak but you look like a French woman!* Ahora soy yo la que se voltea y sonríe extrañada, con dientes manchados de tanto café; soy yo la que se encoje de hombros mientras lo mira, una vez más, no sé con qué expresión en el rostro. Veo la instantánea seriedad de este guardia que debe vigilar, no conquistar; la seriedad de unos labios gruesos que dicen *pardonnez-moi, Madame*. Pero no hay nada que perdonar, nada que decir, hay apenas una pregunta: ¿se disculpa por imaginarme francesa o por imaginar que me ofende al coquetear?

retratos

Debería haberle dicho, no francesa, *Monsieur*, mediterránea, como si eso bastara para dar cuenta de quién soy. Pero, ¿qué es ser o parecer mediterránea?, ¿negra como este guardia parisino?, ¿blanca como los italianos que viven en mi edificio berlinés?, ¿o ese tostado sin ton ni son de nosotros, los otros? Y mientras me alejo dando pasos torpes entre gentes de todas las tallas y colores, mientras me detengo ante las pinturas que buscaba y que por fin encuentro, me asusta mi imprevisto reflejo sobre un vidrio.

dabke

En París voy a conocer a Yasmina Benabdallah, la joven realizadora marroquí que grabó en Santiago un documental sobre la danza tradicional palestina. No la danza-árabe-del-vientre que yo seguí como pude en mi fiesta de matrimonio y que mi hombre improvisó a mi lado, y a la que luego se unieron la familia y los invitados riéndose, avergonzados de su atrevida ineptitud. (Rarezas de mi padre, que nunca aprendió a sacudir el esqueleto pero que, sin advertirnos, contrató a dos muchachas apenas cubiertas de velos dorados que equilibraban enormes candelabros encendidos sobre sus cabezas). No es ese el baile documentado por esta joven marroquí que a veces cubre sus rulos con un pañuelo y a veces los deja al aire. En *Ojalá, la vuelta al origen*, ella fija su ojo en el *dabke* palestino y en la chilestina que lo enseña en Santiago, cantando y zapateando con fuerza su tablado. La bailadora alecciona a la cámara y a quienes vamos viendo el documental, nos explica que el *dabke* ha abandonado su antigua vocación folclórica para centrarse en el relato del presente: lo que importa es la letra, la dura melodía del acoso. Yasmina espera que, aprovechando mi salto parisino para dar una charla migratoria, le haga de interlocutora en la presentación del documental y me sume de público ante la paristina *Troupe de Dabke* que bailará ante el público en el cierre del evento. Y yo he aceptado, intentando seguirle el paso al *dabke* y al documental, pero lo que todavía no sé, porque no le he pedido explicaciones, es cómo fue que Yasmina supo de mí ni cómo fue que leyó, como ha asegurado, mi libro palestino si ella no lee el castellano. Sus mejillas se pliegan en una mueca misteriosa: alguien de allá, un allá que no es Chile sino Palestina, le hizo llegar una traducción de mi *Volverse Palestina* traducido al inglés. ¿Al inglés? En inglés, asiente en un castellano hilvanado por otras lenguas, lo leí en inglés, y me guiña su ojo marroquí.

husos horarios

¿En qué huso horario estás? Es la línea veloz que le envío desde París a la traductora que un día se encuentra en Buenos Aires y otro día en alguna ciudad de España, Alemania o Rumania. La última vez que recibí mensaje suyo, Andrea Rosenberg estaba viviendo en México. Fue una traductora judía quien nos puso en contacto en Nueva York, y yo di por hecho, por su apellido, que Rosenberg debía ser judía también. No llegué a preguntárselo esa vez pero en la siguiente oportunidad no pude evitarlo y la respuesta fue tan ambigua que decidí no insistir. Nos íbamos encontrando en Nueva York, cuando ella ponía su ancla temporal en la ciudad, de paso hacia algún otro país. Tailandia. Inglaterra. Portugal. Siempre en un lugar distinto cuando le escribía como ahora le escribo un mensaje de texto preguntándole dónde está ella mientras ella pregunta dónde estoy yo. Yo ya yéndome de París a Berlín y ella seis horas por detrás de mí, en esa casa de Carolina del Norte que escasamente habita. *Dear* Andrea, ¿a quién le entregaste tu traducción de mi libro palestino? Mi libro que es *su* manuscrito. Sus palabras que son mis palabras, mis frases ahora suyas. Sé que está del otro lado porque algo se activa en mi pantalla y luego un pequeño silencio en que la imagino traduciéndose mis inquietudes y retraduciéndome su respuesta. La veo *typing* o más bien veo la palabra *typing* y me pregunto si en vez de teclear me está grabando su respuesta. *Didn't you ask for my permission to send the manuscript to some people at some Palestinian Biennale you were attending, long ago?* Una bienal, pienso, sí, tiene razón, yo le pedí permiso para hacerlo circular y lo envié aunque nunca llegué a esa bienal porque empezó otro bombardeo sobre Gaza y se cerró el aeropuerto.

alguien

Alguien leyó mi libro en Palestina, alguien lo puso a circular sin que yo lo supiera hasta que reapareció en París y en Berlín y en El Cairo. Alguien en México quiso traducirlo al árabe. Alguien al croata. Alguien lloró mientras lo leía en Nueva York, alguien se molestó y dejó de hablarme. Alguien me acusó de haber tenido mucha cara (descarada es la palabra que usó). Alguien dijo que yo estaba equivocada, alguien confirmaría que estoy en lo cierto. Alguien, que me quedé corta o me pasé de largo. Que exageré. Que mentí. Que nunca entendí, que sigo sin entender nada. Alguien que no es palestino se emocionó recordando su propia migración, sus propios olvidos familiares. Sus orígenes inventados. Alguien escribe con sus manos lo que han visto sus ojos. A mi regreso a Berlín alguien levanta las cejas, las frunce, arruga los labios, se queda en silencio. Alguien (una profesora berlinesa) me ofrece una carta de apoyo advirtiéndome que deberá declarar en ella su total desacuerdo con mi posición. Alguien (otra profesora alemana) me cuenta que se ha vuelto imposible hablar de sionismo sin ser tachada de antisemita. Alguien me imputa antisemitismo sin entender qué significa esa palabra. Alguien me increpa en las redes por no «hacerle justicia» al sionismo de izquierdas, como si fuera el sionismo el que necesitara redención. Alguien apoya al increpador. Alguien lo confronta. Alguien me acusa de estarme enriqueciendo a costa del sufrimiento palestino. Alguien sugiere que deje de hablar sobre esa gente que soy yo. Alguien me recuerda la creciente censura. Alguien de Palestina me advierte que a los algoritmos no les gusta su gentilicio. Alguien (una periodista germana) me cuenta que temió represalias por haber escrito reportajes sobre Gaza. Una escritora (británica originaria de Pakistán) pierde un premio alemán por apoyar la causa palestina. Alguien pronuncia las palabras *ilegal* y *boicot* como si fueran restos de carne entre los dientes. Alguien me desautoriza. A puerta cerrada, alguien vuelve a hablarme de mi precario contrato en Nueva York. Alguien hace una advertencia disuasiva. Alguien me entrevista en la radio. Alguien me invita a un panel para que reitere lo que ya dije hasta el cansancio. Alguien sugiere que siga escribiendo sobre el tema palestino. Alguien en Berlín (una curadora palestina) me convoca a otro emprendimiento por esas tierras y yo experimento un entusiasmo desmedido.

un rostro nunca es neutro

El tiempo se hace arena y yo ya estoy abriendo los ojos la madrugada de mi regreso palestino, mi verdadero regreso si me permiten entrar. Creía haberme borrado todas las caras mediterráneas que habitan la mía pero sus rasgos han vuelto a aparecer. Me he atado los rulos en un tomate aun sabiendo que estos siempre encuentran la manera de levantarse y hacerse notar. Mi cabeza se agita repasando la neutralidad de la ropa que llevaré puesta intentando despistar a los agentes y las respuestas a tantas posibles preguntas para las que no estuve preparada la vez anterior. Empiezo a practicarlas ante mi imaginario interrogador. Chilena, sí. Residente americana, sí. Profesora universitaria, sí. ¿Escritora de qué clase? (Segunda clase pasando a clase económica, pienso, pero mi interrogador no está para bromas.) ¿Novelista? ¿Periodista? ¿Terrorista? ¿Activista? Sí. Sí. No. No o quizá sí. ¿Ha estado alguna vez en Israel? Voy escuchando mi voz pasar de una neurona a la siguiente, sacando chispas en plena sinapsis. Hasta ahí respuestas verdaderas que no debo ocultar por si están consignadas en algún registro. Pero a continuación practico respuestas falsas porque he aprendido que una palestina, por más mezclada con otras gentes, por más diluidos sus genes y erráticos sus rasgos, sigue siendo palestina y una palestina nunca debe confesar. Un modo pacífico de su resistencia a sangre fría es la respuesta recortada o la no respuesta, o mejor, la respuesta engañosa. Y sé que para mentir o para omitir me tengo que entrenar en mirar de frente sin esconder los ojos ni sonreírle nunca al agente. Decir que voy de vacaciones resulta sencillo, decir que me quedo en casa de Maurice, ese académico al que conocí en una conferencia hace un par de meses. No decir que

Maurice es un palestino retornado del exilio y casado con una palestina. No decir que Maurice ha escrito un ensayo sobre mi libro palestino. No decir que escribí ese libro contra las políticas de Israel. No decir que di charlas, que di entrevistas, que escribí un poema, por ejemplo, en forma de denuncia. No decir que me alojaré en Ramallah y decir, en vez, que estaré en el Hotel Jerusalén, junto al muro de los lamentos. No decir que me reuniré con intelectuales y artistas del mundo, que juntos visitaremos diversas iniciativas de la resistencia en la Palestina cisjordana. No decir que aprovecharé de visitar a mis tías. Una y otra vez, y otra vez y tres veces y variaciones de lo mismo hasta que me canta el gallo.

aire apátrida

No me hacen ni una pregunta en el aeropuerto. Ni una solitaria pregunta. Debe de haber algún error: me quedo esperando. Mis piernas se niegan a dar un paso, mi cuerpo quiere detenerse en la puerta de embarque y exigir esas preguntas. Tengo el pulmón lleno de respuestas y voy a estallar pero la cándida expresión del azafato me desinfla: este avión turco hace escala en Estambul y será el siguiente el que me lleve a Tel Aviv, acaso ahí pueda soltarles mi libreto. Y si ahí no me interrogan ya lo harán en Ben Gurión. Aterrizo en un avión y me subo a otro y vuelvo a aterrizar y encaro, en lo que antes fue el aeropuerto israelí de Lod, y aún antes el aeropuerto palestino de Lydda, al agente de migración. Entrego mi pasaporte y quedo suspendida viendo cómo el oficial escanea con sus dedos las páginas llenas de timbres y examina mi retrato fotográfico y lo compara con mi rostro, siento que se detiene en mi iris, en su dibujo único como el de todo iris, en el mío tan oscuro estampado en el pasaporte. Mi iris tan mío y tan otro en esa foto. Y pasan los segundos y el agente eleva unos párpados cansados y me mira aún más fijamente mientras mi pupila se cierra llena de inquietud. Quiere saber cómo se llama mi padre. Quiere saber si mi padre vive en Chile. Mis venas arden de adrenalina: mi padre en Chile, sí, todos mis parientes en Chile, respondo recogiendo el aire y haciéndolo mío, mío y ajeno en mi pecho, y me preparo para el interrogatorio que ya viene pero no llega. Pase, me dice, y soy yo la que se pregunta si me habrá auxiliado mi aire israelí.

II. *Wir die Deutschen*

mahsoms

Veníamos de distintos países y de disciplinas diversas, y
eran dispares nuestros cuerpos. Una griega activista casi
transparente. Un joven director blanco de cine egipcio.
Dos raperos senegaleses, uno más espigado y callado
y oscuro que el otro. Una pequeña profesora de arte
indio y su marido indio-californiano, también profesor
universitario. Un filósofo alemán de pelo rojo y revuelto. La escritora chilena-vuelta-palestina que era yo, y los
propiamente palestinos: la curadora de grandiosa melena castaña que nos había convocado desde Berlín, la antropóloga feminista de Jerusalén, la joven historiadora
retornada de Chicago que podía pasar por santiaguina,
sin serlo, que enseñaba en la universidad con un visado
vencido. Y un fotógrafo palestino de tupida barba entrecana. Y el periodista que venía saliendo de una prisión israelí. Y aunque no éramos pocos, a veces se nos
sumaban especialistas capaces de explicarnos los proce-
dimientos políticos más incomprensibles. Juntos o separados íbamos a compartir una semana de levantarnos
al alba en un hotelito de Ramallah, siete días de comer
más de lo debido y de tomar demasiado café, de fumar
un cigarrillo tras otro simplemente para aguantar, nosotros, los extranjeros, la dura vida diaria de los palestinos.
Nos fuimos montando a coloridas furgonetas para ir y

venir evitando las exclusivas autopistas israelíes y usando, en vez, las carreteras palestinas salpicadas de *checkpoints* fijos y móviles que no eran *crossings*, como querían los israelíes, sino puestos de control, de cacheo, de interrogación, de extenuantes esperas. Nos detendríamos en los *mahsom*, mostraríamos pasaportes y seguiríamos por caminos de tierra. Visitaríamos huertos, muros, lamentos, disputadas mezquitas, colmenares entre escombros, casas ocupadas y en ruinas, peladeros, muros dividiendo pueblos y familias, *mahsoms* o *checkpoints* pero no *crossing*, y no sería fácil atravesar los puestos de control. Veríamos las casas pareadas de los colonos, los barrios colonos de techos encendidos, *mahsom*, murallas empapeladas con rostros de niños mártires, asesinados por soldados en alguna refriega o asesinados porque sí, por estar ahí y ser palestinos, ahí, ahora, mercados enrejados o extintos, teatros árabes y escuelas de *dabke* y tiendas de jabón natural y de especias en sacos de arpillera, centros culturales construidos a mano, casas destruidas por *bulldozers*, cuevas llenas de murciélagos, muros, muros, hoteles, *checkpoints*, cámaras de vigilancia, estaciones de bus, *checkpoints* torres *checkpoints*.

cuestión de tiempo

El tiempo les ha sido confiscado junto a tantas otras cosas. Es lo que se les niega en los cientos de *checkpoints* donde son detenidos de manera deliberada. Sus identidades demandadas. Sus papeles examinados y cotejados con otros papeles, con otros nombres, con los rostros de otros palestinos. Son obligados a esperar los minutos las horas los días los meses que los soldados quieran, sin que nadie les dé un motivo. Una boda, un bautizo, un cumpleaños: pueden esperar. Un funeral, un ataque al corazón. Toda emergencia tendrá que esperar sin desesperar. Sin saber qué es lo que se espera. Sometiéndose a la orden de una pausa sin sentido. Porque parte de la violencia del poder es la arbitrariedad de ese protocolo, si es que un protocolo existe. Los palestinos con los que vamos dicen que no existe una regla y que lo que se aplica es la lógica de un impedimento continuo que les imposibilita planificar el presente, que no permite pensar el futuro. El control del tiempo de los esperantes es un arma larga cargada de humillaciones. Pero ellos han construido una armadura contra estos ataques sutiles que nunca llegan a la prensa. Ellos saben que la impaciencia y los estallidos de desesperación son la recompensa de los soldados. Y han desarrollado estrategias de contrataque. Me lo explica el fotógrafo palestino mesándose lentamente la barba en uno de los *checkpoints* en los que esperamos a que nos revisen los documentos. Hemos aprendido a disfrutar la extrema lentitud, dice, sus ojos negros brillan bajo el sol. Si nos exigen avanzar lo hacemos muy despacio, si ordenan que nos detengamos, nuestros cuerpos se hacen pesados mientras nuestras mentes logran desconectarse; demoramos la lengua en los interrogatorios, retardamos la aparición de nuestros papeles con la excusa de que no logramos encontrarlos. La ansiedad ya no nos aqueja.

La inmediatez nos es indiferente. La velocidad, la aceleración que caracteriza el capitalismo destructivo. *We simply space out*, dice, *safnin!*, dice, y yo me sorprendo de que ese «estar en la luna» tenga una traducción tan exacta en tantas lenguas, de que en tantos lugares, entre tanta gente desarmada, ese habitar una realidad paralela no sea restarse sino defenderse. *Bi shu safin?* Perder la mirada en el horizonte vacío. *Lesh safin fiyyi?* Aunque suene paradójico, si nosotros perdemos el tiempo o nos perdemos en el tiempo, el tiempo se vuelve algo que los soldados no pueden usar contra nosotros. No pueden dañarnos en lo que no nos importa. Y nosotros les devolvemos la mano haciéndoles perder el mismo tiempo que los soldados intentan en vano arrebatarnos.

un coro teutón

A baja velocidad vamos pasando carteles que anuncian los asentamientos de nombres hebreos y rara vez los nombres de pueblos palestinos: si el chofer no fuera local nos habríamos quedado atajados en el limbo continuo de los puestos de control. Nuestro chofer no se inmuta, mantiene su ventana abierta por si surge un soldado que le indique detenerse u otro soldado que quiera asomarse por ese agujero de aire. Son siempre imberbes los soldados, parecen actores nerviosos e inexpertos. Sin aviso nuestro vehículo se detiene, se abre la puerta como un telón y sube un uniformado golpeando el peldaño con su bototo y alardeando de su fusil: exclama algo histriónico en hebreo. Nadie entiende. Nadie responde. Solo el chofer que le sopla al soldado que somos turistas extranjeros. Y es por eso que el soldado carraspea, es por eso que afina sus cuerdas y vocifera para que escuchemos su pregunta en la lengua franca del furgón. *Where are you from?* Se dirige colectivamente a cada uno de nosotros, pero cada uno de nuestros pasaportes contiene una respuesta distinta, y los palestinos, que carecen de uno, van fondeados atrás. *Where are you from!*, exige dirigiéndose al despeinado filósofo alemán en la primera fila. *Germany*, responde Germany, con el pelo más rojo que nunca, pero solo Grecia y yo escuchamos su respuesta desde la misma primera fila, al otro lado del pasillo. *Where!*, aúlla con aplomo el soldado tratando de imponer su autoridad pero Germany lo dobla en años y en tamaño y levanta un terrible vozarrón teutónico para pronunciar otra vez su *Gerrrrmany* natal, y el nombre de su ciudad, la amurallada Berlín, la liberada del asedio y del infame muro que Israel ha tenido la ocurrencia de repetir en estas tierras. *Berrrlin*, aclara militarmente, por si el soldado no conoce el nombre del país de Germany. El soldado se queda quieto con la mano extendida exigiendo el pasaporte, y mientras lo revisa echa un vistazo hacia los últimos asientos. Y quizá sea corto de vista porque no detecta los rostros morenos, los pelos negros, el crespo indesmentible de los palestinos amontonados en las profundidades del furgón. Solo parece fijarse en el pelo lacio, casi blanco, de una Grecia ahora albina de espanto, nuestra Grecia hundida en el respaldo de su asiento junto a mí. ¿Somos todos *germans*? El soldado levanta la voz mientras sus ojos miopes nos sobrevuelan y de nosotros surge un resonante sí germano, un *yes!* africano e indio, un *yaaaa!* que seguro sale de la garganta de Egipto porque Egipto tiene un apellido alemán y un pasaporte alemán además de un rostro impregnado de alemanidad. *We are all germans!*

karneval

En cuanto se cerró la puerta y aceleramos por la ruta, Grecia empezó a gritar un *Germany!* burlón, *Geeeermany!*, *Gerrrmany!*, revolviendo vocales y erres entre sus labios rojos. Yo la acompañé aullando con ironía y en inglés, *Chili!, Chili!*, porque nadie parecía entender que Chile termina en e y que en castellano esa e no suena a i y que la i no vuelve picante mi país con forma de ají. Egipto levantaba sus brazos alemanes como si acabara de meter la pelota en el arco enemigo; echó la cabeza victoriosa hacia atrás. No veía a los senegaleses pero los escuchaba tararear a dúo un *We the germans* y la pareja India se unió al coro de sonoras y desapacibles carcajadas palestinas llenas de vocales memorables. En ese jolgorio de encías y acentos nuestro filósofo alemán se enderezó y comprendió que, más que reírnos, estábamos despidiendo el miedo por la boca, y se sumó con su propia carcajada de victoria visigoda. Sabíamos, sin embargo, sin decirlo, sin sugerirlo, sin atrevernos al arrepentimiento, que nuestra infracción era completamente equívoca. Nos habíamos escudado tras el nombre de una nación que era parte y arte del conflicto. Habíamos usado el gentilicio de una Alemania que continuaba pagando reparaciones a Israel por los atroces abusos cometidos en el pasado sin asumir los abusos que se estaban cometiendo contra los palestinos en el presente. Era absolutamente necesario que nadie olvidara nunca el latrocinio y la expropiación y el tenaz exterminio de millones de judíos alemanes y europeos y de un número despiadado de romaníes, eslavos y homosexuales, de enfermos, de niños física o cognitivamente impedidos o supuestamente inferiores que no concordaban con la supremacía aria. Y porque era necesario no olvidar nunca ese horror, no olvidarlo para no repetirlo, los alemanes se comprometieron a pagar reparaciones monetarias al final de esa guerra cruenta que afortunadamente perdieron. Solo que siguieron pagando y golpeándose el pecho sin exigir, aun setenta años después de la creación de Israel, que los israelíes no criminalizaran y encarcelaran y vejaran y desposeyeran a miles de palestinos, jóvenes, ancianos, niños enfermos y sanos, mujeres de cabezas tapadas o descubiertas, sin exigir que no demolieran las casas palestinas, que no destruyeran sus barrios mientras se multiplicaban los ilegales asentamientos en tierras palestinas supuestamente protegidas por una ley internacional que ningún estado hacía respetar. Tampoco Alemania. Porque recién setenta años después Alemania se atrevía a manifestar, en boca de su poderosa Canciller, un tímido desacuerdo con la violencia ejercida por Israel hacia la minoría palestina dentro de sus fronteras y hacia la mayoría de palestinos de los territorios que ocupaba. Ese territorio que nosotros, *die Deutschen*, recorríamos aprovechando el nombre de Alemania. Había que ser estratégicos, era cierto, había que continuar usando la posición alemana como salvoconducto. Sabíamos que decir Palestina hubiera sido una pésima idea y decir Chile o *Chili!*, una mala idea, siendo, como era Chile, también tierra de palestinos. Decir Egipto, decir Senegal, decir India hubiera sido pedir a gritos que nos revisaran el pasaporte y nos sometieran a un interrogatorio de las almas y las mentes. Incluso Grecia que parecía holandesa y pertenecía a la Unión Europea no era suficientemente europea, porque Grecia, susurró Grecia, las mechas rubias tapándole los ojos, la cara congestionada, la boca helénica riendo todavía, no era más que un punto de intersección, un lugar entre culturas. Pero si Grecia *es* Europa, susurré yo sin querer contradecirla, ella como griega sabría lo suyo mejor que nadie. Pero ella apretó los labios maquillados de resentimiento y entrecerrando los ojos empezó a decir que aunque Grecia fuera «la cuna de la civilización occidental» (entrecomilló ese cliché con los dedos) y aunque sus filósofos hubieran inventado la democracia que nadie seguía en Occidente, los europeos del norte los consideraban una pobre nación agarrada a Europa por el sur. *A failed state*, dijo ya sin alegría y cejijunta. Y acercando su voz a mi oreja murmuró que sobre todo los alemanes la consideraban una nación mediterránea y medio oriental. Porque pocos sabían en qué lugar exacto estaba la frágil frontera entre el Oriente próximo, el medio y el lejano, y Grecia caía en el recorte colonial del Imperio Otomano. Nos independizamos de los turcos en 1821, ¿te das cuenta?, preguntó sin preguntar, sin esperar una respuesta, nos independizamos de ellos mucho antes que los levantinos, nunca fuimos turcos, nunca fuimos árabes, nunca fuimos africanos, agregó Grecia estirando con las palmas su larga falda plisada. *So stupid!*, exclamó todavía en mi oído porque no quería polemizar con Egipto ni herir a los palestinos que habían pasado de las manos de un imperio a las garras de otro. No nos equivoquemos, insistió Grecia otorgándole gravedad a sus *sigmas* y *ómicrones*, *taf pi deltas*. Ni por un minuto nos creamos que la máscara alemana nos corresponde. Esto no ha sido más que un momentáneo carnaval.

tomar el pelo

Sobrevino el silencio en la furgoneta porque en nosotros se decantó una duda: ¿Había sido nuestro engaño germano un acto suicida o un acto de improvisada y arriesgada resistencia a-la-palestina? ¿Y el soldado, tan asustado como nosotros, aunque armado como nosotros no estaríamos nunca, podía haber perdido la cabeza al descubrir que le estábamos tomando el pelo?

contra toda ingenuidad

Me hubiera sacudido, no de risa sino de miedo, de haber sabido entonces lo que descubrí después: que los soldados que nos revisaban los papeles no eran más que la mala cara y el cuerpo visible de la vigilancia, pero que había otra vigilancia silenciosa, sistemática, y tanto más eficaz. El Ejército israelí llevaba años monitoreando a los palestinos con avanzadas tecnologías de reconocimiento facial. Investigando me enteré de que Israel había instalado cámaras de último modelo en los *checkpoints* que miles de personas atraviesan cada día, y que había tapizado el territorio palestino con una densa red de pantallas. El director ejecutivo de la firma israelí Anyvision (cualquier-visión o visión-total) parecía hacerse el ciego cuando señalaba, en línea, que su empresa, la que provee a Israel del más sofisticado software de reconocimiento, «es sensible a los prejuicios raciales y de género», y solo vende su tecnología a las democracias para evitar su mal uso. ¿En qué consiste el buen uso de esas cámaras?, me pregunté yo leyéndolo. ¿En resguardar la seguridad de unos violando la intimidad y la seguridad de miles de otros? Como si me respondiera, un vocero del Ejército diría en mi pantalla que ellos estaban usando estas cámaras para hacer «más expedito» el paso de los palestinos, es decir, de los palestinos con permisos de trabajo, de los escasos palestinos de los territorios que todavía trabajan en Israel, de aquellos que se presentan en medio de la noche a esperar durante horas que les permitan atravesar. Horas de una espera agotadora. Horas seguidas de horas. Me pregunté si lo que quería decir ese vocero militar era que los palestinos debían estar agradecidos de que las cámaras de vigilancia que guardaban registro de sus rostros fueran a «mejorar la eficiencia» de esos *crossings* que no lo son. Era escalofriante la liviandad con que hacía estas declaraciones. Era, pensé yendo un poco más lejos, lo que están haciendo, para escándalo de Occidente, los chinos con su minoría musulmana, los uigur. Era lo que se estaba imponiendo en algunas democracias bajo el pretexto de la seguridad aunque ya empezaba a prohibirse en algunos estados de los Estados Unidos. Era algo que se continuaba haciendo entre ingleses y alemanes, cuyas ciudades tienen más cámaras por cabeza que ningún otro país europeo. No parecía tan escandaloso en Israel ni menos en las tierras que ocupa, donde las operaciones de vigilancia de medios y de redes, el monitoreo permanente y el registro biométrico se cuentan entre los más extendidos del mundo. Pero aún más siniestro me resultó el hecho de que las cámaras hubieran dejado de ser meros receptores pasivos de imágenes que en el pasado alguien «detrás de la cámara» debía examinar y evaluar si era necesario. Estas nuevas cámaras no se distraen, no se fatigan, no duermen nunca, no se enferman, no cobran un sueldo por horas, no se ponen en huelga. Y son aparatos «inteligentes», capaces de calcular el peligro que reviste quien surge en la imagen y de enviar señales de alerta aun cuando puedan equivocarse en la estatura, el color de la piel, el sexo, la voz, la vestimenta de las personas que observan en una manifestación, en un templo religioso, en una fiesta, conferencia, museo, campeonato, charla, en una oficina o al interior mismo de un hogar. Y asimismo en los caminos por donde circulábamos nosotros, los alemanes, con total ingenuidad.

soluciones

Por unos días seríamos *Deutschen* dentro del furgón y ya veríamos qué hacer afuera, quién ser cada uno de nosotros, afuera. Porque ya en terreno íbamos a sumergirnos en la traducción hasta que la curadora, la historiadora, la antropóloga feminista quedaran extenuadas de tanto reproducir, palabra por palabra, o de resumir las parrafadas árabes en sucintas líneas inglesas. Se cansaban de interpretar y hacia el final de la tarde se quedaban calladas, obligándonos a afinar la oreja e internarnos en el árabe. A ver si nosotros los alemanes éramos tan listos. A ver si nos liberábamos de la lengua de la diplomacia que también era del espionaje y de la guerra. A ver si éramos capaces de leer las señales de las manos y el movimiento de los labios. Pero nos veían perdidos y pronto se compadecían y volvían a parafrasearnos todo para que no nos perdiéramos la enumeración de los problemas y las soluciones que encontraban nuestros informantes palestinos. Porque cada vez que sorteaban un obstáculo, un imprevisto, una nueva restricción, surgían ante ellos nuevas contrariedades. Estaban, por ejemplo, aquellas mujeres que necesitaban un espacio donde reunirse pero no tenían dónde ni contaban con un shekel; salieron a las calles, a las casas, a tocar puerta tras puerta, tarde tras tarde, con las cabezas protegidas por pañuelos lila y castaño y damasco, protegidas pero erguidas; no salieron a pedir sino a exigirle a sus vecinos un shekel y otro shekel y así sumaron un pozo de monedas y levantaron una pared y luego un piso sobre otro, con dólares adicionales de palestinos que vivían fuera de Palestina y de un préstamo que sirvió para implementar una cocina en la que iban a preparar colaciones para devolver lo debido. «Todas las revoluciones comienzan con un grupo de mujeres reuniéndose a hablar en una asamblea», bromeó una de ellas en su árabe palestino, su pañuelo palestino alrededor de la cabeza. «Estamos fraguando la revolución de la vida cotidiana.» Y estaban, por ejemplo, el viejo apicultor con su mujer anciana y abejera, el pañuelo rosado, el vestido negro hasta los pies. Ellos y sus colmenas blancas en un cerro junto al camino, entre escombros del muro que se erigía junto a ellos. Cajas de almacenamiento llenas de obreras hirientes que no los picaban jamás. Eso aseguraron. La anciana quitó la piedra que aseguraba la tapa y la tapa que aseguraba la caja y el anciano se inclinó para levantar con manos descubiertas uno de los panales refulgentes de cera, miel y abejas doradas haciendo su trabajo ceremonial. La pareja india disparaba fotos que nunca compartiría y yo, detrás de ellos, lanzaba las mías como si fuera posible capturar las palabra de su propiedad, volátiles, vibrantes, amenazadas de extinción. La apicultora señaló el interior de la colmena, las plantas de salvia y manzanilla que mantenía vivas ahí para combatir las enfermedades porque, como nosotros, dijo en su árabe palestino, señalándose el pecho mientras esperaba a ser traducida, como nosotros, las abejas contraen enfermedades mortales y no tienen para pagar otros remedios que los que ofrece la propia naturaleza.

hambre de mañana

Yallah, yallah, me dirá Grecia esa noche, imitando a nuestra curadora palestina siempre apurándonos porque nuestra agenda, diseñada por ella, está tan apretada y los caminos son tan impredecibles. *Yallah, yallah,* bajando la voz mientras nos internamos en la oscura noche ramallawí alejándonos del hotel y sus luces y de la luna que duerme sobre la ciudad. Grecia ha averiguado que hay un bar en los alrededores y para allá se dirige con toda confianza, conmigo tomada de su brazo. Yo no tengo ojos en la oscuridad, no tengo pies para la gravilla resbalosa; me tropiezo, me tuerzo, me quiebro tobillos y me pierdo incluso de día si no hay cordillera en el horizonte. Espero que no te moleste, digo, porque nos acabamos de conocer y ya me estoy tomando demasiada confianza con su manga, pero ella se peina la chasquilla holandesa con la mano libre y ya dentro del recinto se quita el largo abrigo de fieltro y se desenrolla la bufanda que lleva al cuello y cuelga ambos en la silla. *Yallah, we made it!,* exclama satisfecha y me ofrece su brazo para cualquier otra noche porque ella está acostumbrada a liderar. Pedimos dos copas de vino para descargar impresiones como si fueran una pesada munición. Es Grecia quien dispara más, Grecia que fue parte del *Occupy* Atenas y de las protestas contra las medidas de austeridad impuestas sobre su país. Grecia habla demasiado rápido para su acento, y habla y habla mientras mi cerebro va descifrando apenas pedazos de lo que dice. Y es esto lo que observa:

que los palestinos hacían bien en ocuparse de la resistencia cotidiana, resolver el día a día de la ocupación presente. Y lo dice armando un cigarrillo que no sé si llega a fumarse, más afanada en expulsar conceptos de acción que en aspirar el humo. La intervención política, agrega, solo puede responder al aquí y el ahora, no puede copiar una fórmula o desear una estabilidad futura, debe desconfiar de las promesas de estabilidad que con tanta frecuencia implican aceptar una ocupación que aquí solo ha empeorado y que significaría aceptar la normalización favorecida por los ocupantes. Significaría renunciar. Significaría entregarlo todo y eso sí que no.

campus abiertus

Otro día, otro chofer, otra furgoneta palestina a la que nosotros los dizque-alemanes nos montamos para iniciar el viaje a la frontera donde nos recibirá un palestino que abandonó sus estudios para hacerse cargo de la granja familiar: habiendo muerto su padre, su herencia de árboles frutales y de arbustos y de tierra húmeda estaba siendo embargada por los israelíes. Antes de recuperar dos tercios de su granja ese hombre pasó quince años en una cárcel israelí y otros cuantos estudiando leyes para combatir al país que lo había encarcelado. Ese hombre es ahora un agricultor especialista en tierra confiscada. Un cartel nos señala en árabe y en inglés que nos encontramos en lo que él llama *Global Campus*

Palestine, un campus a campo abierto, a cielo abierto, donde ese granjero de poca estatura, de espeso bigote blanco que le cubre los labios, de piel tostada por el sol (en México lo hubieran creído mexicano, en Turquía turco, en Alemania español), donde ese hombre palestino nos ofrecía su relato de sucesiva expropiación. La extensión de su propiedad ya había sido recortada por el muro, dijo, señalándolo a sus espaldas, ahí estaba, a pocos metros, plantado sobre su tierra, su siembra, su cosecha, ensombreciéndonos a nosotros con su cemento y grabándonos con sus cámaras. A lo que ya le había cercenado ese muro oprobioso se añadía otro pedazo de su propiedad arrebatado por una tapia más baja pero igualmente ilícita: sobre parte de lo suyo ahora funcionaba una fábrica de productos químicos que hace años le lanzaba sustancias letales para acabar con sus cultivos y obligarlos a abandonar lo que les quedaba de campo. Pero el letrado-granjero y su mujer, modesta de ojos insolentes, que sonreía mostrando los pocos dientes que le quedaban pegados a las encías, no iban a renunciar. Resistieron cada ataque utilizando todos los medios disponibles. Uno: exigiendo por vía legal la devolución de sus tierras. Dos: denunciando los arteros ataques de la fábrica aledaña y probando que sus químicos producían cáncer, infertilidad y ceguera en los niños, motivo por el cual esas fábricas habían sido prohibidas y retiradas de Israel. Tres: complicándoles la faena a los soldados que intentaban impedirles la entrada a su propiedad. Cuatro: escondiéndose en la granja cuando los soldados que controlaban el acceso los dejaban entrar por una hora, obligándolos a buscarlos cuando llegaba la hora estipulada, cansándolos, enojándolos, haciéndoles perder su preciado tiempo. Cinco: ahorrando recursos ante la insuficiencia y la carestía de los productos expendidos a los palestinos por la nación ocupante. Seis: manteniendo el medio ambiente limpio: ellos habían aprendido a producir estiércol aprovechando las heces de las vacas vecinas y extraían energía de un enorme tambor lleno de mierda, y la energía del gas que liberaba el excremento al fermentar se sumaba a la energía dispensada por pequeños paneles solares que consiguieron no nos dijo dónde. A esto se sumaba la construcción de dos invernaderos que operaban como el arca de los vegetales salvados de la extinción, con plátanos colgando del techo en racimos. Y el reciclaje de jeans en desuso como contenedores de semillas para la siguiente temporada. En ese campus experimental habían aprendido a deshidratar el excedente de la fruta para consumirla después. Y cuando llegaron las hormigas, bloquearon su ruta poniendo agua alrededor. Y cuando la madera empezó a podrirse. Y cuando empezó a faltar el agua. Y cuando las bacterias. Y cuando escasearon las semillas. Y cuando. Un repertorio interminable de obstáculos que nos desesperaba, admiraba, angustiaba y fascinaba a todos pero sobre todo a senegaleses que veían en el ingenio del agricultor soluciones para las deficiencias agrícolas de su propio país, de su propio empobrecido continente.

matar pájaros

Había que matar diez pájaros de un tiro, en vez de dos, había dicho el granjero usando la expresión en inglés que no requería balas, como en castellano, sino un arma mucho más exigente, *stones*.

caverna

Afuera sobrevolaban los pájaros, afuera el sol ardía, pero dentro de la cueva era de noche y para llegar a esa noche llena de murciélagos chillones descendimos lentamente por un camino resbaloso y ascendimos por una cuesta escarpada. Ascender con esfuerzo, descender sin caer por el barranco: nuestros cuerpos haciéndose metáfora de las ingentes dificultades del territorio palestino. India había encontrado un palo y lo usaba para ayudarse. Senegal-el-alto y Senegal-el-mediano se daban impulso rapeando la línea *nobody can stop the waves with his hand*, rapeando y riendo y haciéndonos repetir el estribillo sin aliento mientras nos encaminábamos hacia la cueva sin los pertrechos necesarios. Sin la ropa adecuada. Sin los zapatos debidos. Ninguno de nosotros llevaba agua, menos Egipto que estaba más acostumbrado a la sequedad. Y porque sufríamos la sed nos ahorrábamos la saliva de la queja. Al llegar a la entrada de piedra la curadora peló unas mandarinas y empezó a repartirlas en gajos cuando nos sentamos a descansar y a escuchar la charla de esa tarde. Nuestra guía lucía un uniforme deportivo de pies a torso mientras su cabeza y hombros iban envueltos en un pañuelo morado y su vista, protegida por anteojos de lectura que no le conferían, al menos no en apariencia, pinta de espeleóloga. Nos habló sin embargo de topografía, de formaciones rocosas, del uso de las cuevas en la resistencia, y nos habló del agua, de las filtraciones, de las serpientes que rondaban la zona. Cuando concluyó, sus tres asistentes se alistaron para ayudarnos; India, Senegal, Egipto y los palestinos se pusieron de pie, *yallah, yallah*, la orden de movernos que yo le repetía a Grecia, *yallah*, pero la griega no parecía dispuesta: había subido con nosotros muy a pesar suyo con otra amplia falda hasta el suelo y unos delicados zapatos rojos, de gamuza, de tacón alto, completamente inapropiados. Ahora se negaba a descender a la cavidad subterránea. Aun cuando lleváramos linternas. Aun cuando fuéramos precedidos por los expertos de la caverna invocando su *yallah* como un mantra. La guía-de-anteojos no insistió, tampoco desistió. Era frágil la superficie porosa de la ruta, peligroso ese agujero negro por el que nos íbamos a internar, pero nos iba a fascinar, eso decía. Grecia masculló que prefería no intentarlo pero nosotros insistimos, *yallah*, rogamos, *come on, yallah?* Ya estábamos aquí, ya estaban arruinados sus zapatos, intentaríamos que no resbalara con sus absurdos tacos rotos. Esta es una experiencia de resistencia, comentó con severa convicción la curadora palestina mirándonos a todos por si alguien más pensaba desistir porque ya Germany se estaba excusando: sufría de claustrofobia, podía quedar paralizado, grande y pesado como era, en esa cueva insondable. Si eso sucedía, ¿cómo iban a sacarlo de ahí? La curadora estiró sus labios llenos de sarcasmo y sin responder se encaminó hacia esa oscuridad que conocía desde la infancia, y nosotros, sintiéndonos abandonados por nuestro Alí Babá, seguimos los seguros pasos de la espeleóloga. Así nos adentramos, sin mirar atrás, sin notar que Grecia decidía aventurarse y que, viéndola, Germany se despojaba de su pánico y entraba también. Y detrás de él entró Chile con toda discreción, Chile con la vista fija en el suelo porque yo no era un murciélago capaz de manejarme en la oscuridad y les tenía terror a las culebras que, según había dicho la especialista-en-cuevas, podían morder todavía una hora después de muertas.

buena cara

Los *Deustchen* fuimos aprendiendo de la resistencia palestina: el ejercicio cotidiano de ponerle buena cara al eterno mal tiempo. Buena cara la de los actores en el teatro palestino de Haifa, la de los jóvenes bailarines entrenando en las catacumbas de Jerusalén llenas de soldados israelíes, buena cara pero malos pensamientos ante las instituciones que les ofrecían ayudas en dinero a cambio de obediencia y la educada cortesía de quienes no tienen nada. Buena cara ponían como quien se pone una máscara: por detrás gesticulaban y maldecían y se mordían la lengua. No faltaba, sin embargo, quien se arrancaba la careta y se negaba a aceptar esas ayudas que imponían censura, la tramposa asistencia de las instituciones gubernamentales o no. No faltaban quienes se organizaban para dar talleres gratuitos en escuelas o quienes se reunían en clubes de lectura para discutir novelas o filosofía o libros sociológicos. No faltaban los activistas que denunciaban la persecución de las minorías sexuales y de las prostitutas, porque para muchos palestinos Israel no era el único opresor que despreciaban. No eran el único portador de las pétreas tablas de la ley.

lección palestina

El dúo senegalés entraba a todas las mezquitas y nosotros, los agnósticos, paseábamos por los alrededores mientras esperábamos que terminaran de rezar. Pero esto era Jerusalén y este era el disputado templo de *Al-Aqsa*, que no solo Senegal sino todas nuestras naciones queríamos conocer antes de que alguien le prendiera fuego, antes de que fuera estallada o arrasada. Antes de que se desplomara bajo el peso del presente o del pasado tan pesado. En las páginas del Corán se decía que el último de los profetas había volado desde su *Makkah* o Meca de la península arábiga a este oratorio palestino, sobre una alada potranca islámica que en su cabeza portaba una cara humana, femenina. Una vez en *Al-Aqsa*, la potranca había posibilitado al profeta ascender al cielo y regresar. Todo esto en una misma mítica noche de la Antigüedad. Pero estábamos a trece siglos de distancia de esa libertad de movimiento, y esa mezquita colosal, bajo la supuesta autoridad de un *waqf* islámico independiente y de su gran *muftí* árabe, era patrullada y controlada por las Fuerzas de Seguridad Israelí. Sobre ese templo, así como sobre la Jerusalén del Este, Israel ejercía una soberanía *de facto*. Había habido cierres, cortes de electricidad, fuegos, rumores de atentados y nosotros no queríamos irnos sin verlo, verlo por dentro. Ya estábamos discurriendo cómo hacerlo en un ancho pasillo lleno de soldados cuando comprendimos que India y su marido indio se nos habían adelantado. Ella se estaba cubriendo la cabeza con un pañuelo y su marido memorizaba versículos del Corán, porque era sabido que se tomaba examen a los musulmanes que no lo aparentaban para comprobar que fueran devotos auténticos. Nuestra curadora los había aleccionado a ellos, al resto de nosotros no, tampoco a mí, pero yo llevaba mi pañuelo negro enrollado al cuello y empecé a envolverme la cabeza con él. Bien cubierta acaso pudieran creerme musulmana y me dejarán entrar sin recitar. *What are you doing, Lina?* Era la curadora que ni llevaba pañuelo alguno ni se lo hubiera puesto para entrar al infierno. Me enrostraba con un *don't be ridiculous. You are not going in. Why not?*, repuse yo poniéndole no mala sino pésima cara a la curadora vuelta suprema guardiana del templo. *Because you are not.* ¿*Not* qué?, pensé, ¿*not* admisible o *not* suficientemente palestina o *not* nomás? Lo que yo todavía no había comprendido era que ahí no solo los adversarios eran imposibles sino que también podían serlo los aliados. La lógica de la prohibición y la negación era contagiosa y había que darle lecciones a los que no éramos del todo de ahí. *Because you are not*. Mirándola a los ojos comprendí que la curadora palestina llevaba días ejercitando conmigo todas las partículas negativas a su mano, su *laa kalla abadán*, su *wala shii*. Cuando yo había querido saber si su nombre era frecuente en árabe ella me había respondido *laa*, no había *wala shii* frecuente en ella. Cuando osé preguntar hacía cuánto se había ido de Palestina, me aclaró que *abadán* había dejado de vivir ahí, ella seguía ahí, esa era su casa aun cuando viviera la mayor parte del año viajando, aun cuando estuviera instalada en Berlín. Cuando quise explicarle un asunto palestino a alguno de los alemanes, ella me había interrumpido negándolo todo, *laa laa Lina, laa*, negando con la cabeza. Todavía con el pañuelo en la mano supe que debía aceptar esa lección palestina: dejar de mostrar interés, dejar de sorprenderme, dejar de responderle, dejar de dirigirle la palabra. Y alegrarme, sin que ella supiera que me estaba alegrando, de que la pareja india hubiera regresado para contarnos que no habían logrado pasar por musulmanes. Que tampoco los senegaleses habían superado la prueba de la musulmanidad. Debían recitar los primeros versículos del texto sagrado en la entrada pero ellos, alumnos asustados, se quedaron con la cabeza en blanco.

fachadas sin fondo

Nunca seríamos alemanes aun cuando algunos pudieran reclamar su alemanidad. Tal vez Germany que era de ahí, y Egipto, que era en parte alemán. No Grecia, que pudiendo parecer alemana apenas podía exigir reconocimiento europeo. No India. No Senegal. No Chile por más que yo estuviera pasando un año en Berlín y estuviera aprendiendo palabras sueltas del nivel *survival german*. No iba a apelar a alemanidad alguna aunque hubiera tantos alemanes en el sur profundo de mi país porque esa era una historia ya antigua, la de esos colonos convidados por un ministro que soñaba con «mejorar la raza», o «blanquear lo indio», diluir la despreciada sangre mapuche décadas antes de que llegaran los palestinos. Ni serían alemanes nuestros compañeros de viaje, palestinos que no tenían permiso para internarse en Israel y que por eso no nos acompañaron a Haifa ni a la caminata nocturna que dimos una noche por el barrio fantasma de Wadi Salib. La curadora palestina que sí podía moverse entre territorios nos explicó que las mansiones de ese barrio árabe habían sido vaciadas durante la catástrofe de 1948. Sus dueños las dejaron por unos días creyendo que podrían regresar. No pudieron volver. No los dejaron. Les cerraron el paso fronterizo, obstruyeron las puertas y ventanas de sus casas para vedar el ingreso y la ley israelí las declaró abandonadas imposibilitando, *ad eternum*, su derecho sobre la propiedad. Israel respaldaba y promovía el *aliyá* de tantos judíos dispersos por el mundo (asquenazis y sefarditas, magrebíes o *mizrahis*, los lemba, los beta Israel), pero impidió, desde su creación, el retorno de los propietarios. Esas mansiones palestinas de piedra amarilla fueron usadas para acoger a los judíos marroquíes cuando ya estaban en condiciones deplorables y el barrio entero estaba a maltraer. Más temprano que tarde explotó la chispa de la hacinación y la protesta de los judíos-africanos en Wadi Salib. Hubo manifestaciones multitudinarias. Hubo heridos. Hubo violencia desatada y acusaciones de discriminación. Los judíos-polacos que eran europeos y blancos habían recibido un mejor asentamiento. Los judíos-africanos exigieron pan, trabajo, techo, y eso les prometieron: los trasladaron a otro sector. Wadi Salib quedó otra vez desocupado. Esas casas de piedra están ahora completamente derruidas. Las puertas arrancadas de sus goznes. Los huecos de las ventanas vaciados de sus vidrios. Fachadas como rostros ciegos, como máscaras sin fondo. Saltamos una tapia coronada con alambres de púa, ayudándonos los unos a los otros, y tomamos posesión como okupas en plena oscuridad mientras fotografiamos una Palestina apenas iluminada de fondo. Recorremos lo que queda de una casa que alguna vez fue mansión pero yo me voy quedando atrás porque aunque me ayudo con la linterna de mi teléfono, temo tropezar con un escalón, meter el pie en un hoyo, resbalar en las baldosas quebradas y amontonadas sobre el suelo inestable. Y necesito agacharme, necesito recoger un trozo de azulejo centenario y metérmelo en el bolso como si guardarme un pedacito de ruina palestina pudiera contener su inminente destrucción.

III. *Where are you from-from*

de los genes

Serán diez y media las noches que estiraré para procesar los sucesos del día y para enviar breves señales electrónicas a mi mundo exterior, para reportar que estoy bien, con el cuerpo entero y el ánimo roto, pero bien. Indignada e insomne, pero bien. Retardaré la hora de dormir para dejarle el menor espacio posible a la estentórea pregunta del soldadito de turno dispuesto a despertarme con su *where are you from*. Aunque no será él quien me despierte sino el no poder resolver en sueños si la respuesta que busca es la del pasaporte o la de los genes.

traba-lenguas

«*Where are you from-from?*», escribe Marwa Helal poseída por el angustioso eco de ese trabalenguas que funciona en inglés y en árabe aunque el énfasis se ubique en distintos puntos de la misma oración: *de-de dónde eres*, en inglés, y en árabe, *de dónde-dónde*. *Inti min wein-wein*. En ambas lenguas la pregunta apela a una esencia que se presume oculta: ¿árabe de verdad o solo medio árabe? ¿De los Estados Unidos, *really*? Pero *de-de dónde-dónde*, pues. Quien pregunta sospecha que bajo la respuesta genérica hay otra, la genética. Duda del *I am from here*, del *from here-here*, del aún más específico *born and raised (here)*. Y si el rostro de quien responde no calza con el rostro supuesto, surgen los signos de reprobación. Porque quien inquiere da por cierta la existencia de un *from there* anterior y de un *there-their* que implica que lo de allá es lo propio y que el de allá quiere apropiarse de lo propio de acá. Que si el de allá está acá es porque ha sido expropiado y viene a apropiarse. Quien pregunta quiere averiguar *where is their there?* Dónde está su donde. El donde de las lealtades íntimas, el donde de una traición siempre presta a revelarse. El donde al que los sospechosos deberían regresar. *Go back to where you came from (from-from)*. Con cada vez mayor frecuencia se escucha a las huestes de presidentes y políticos populistas invocando el himno de la expulsión de quienes no *son-son* de aquí, de quienes no somos. *Send! Them! Back! Send-them-back! (Back to where they're from-from-from!)* Ese vitoreo va sumando voces, va subiendo de volumen. Pero no porque haya unos exigiendo que los otros sean devueltos al lugar del que supuestamente son-son va a hacerse presente ese lugar. Para tantos ese lugar ya no es o solo es para los que se quedaron y ese lugar tampoco los reconoce ya como propios. No porque unos griten va a materializarse el *there-there* de los otros, sobre todo no cuando los llamados otros ya son o fueron siempre *from-from here*.

son-sonete familiar

El *from-from* del poema no me abandona por más que deje el libro sobre el velador y apague la luz. El cansancio nocturno solo me permite leer un poema o dos antes de cerrar los ojos, pero no logro conciliar el sueño entre los versos de Helal y la pesadilla del soldado inquisidor. Las preguntas me desvelan. ¿Será que los documentos de residencia o nacionalidad no bastan? ¿Será que los años vividos en un país no son suficientes? ¿Será que se puede participar sin llegar nunca a pertenecer? ¿Pertenecer sin participar? ¿Será que se puede *ser* de varios dóndes o será que es imperativo elegir uno? ¿Y es elegir un modo de renunciar? Me pregunto si mi abuelo, nacido palestino en 1905, desarraigado con papeles turcos en 1920, nacionalizado chileno en 1936, y nunca devuelto a su casa (esa casa que aún existe, la casa que sería donada a la municipalidad de Beit Jala, la casa que sigo sin conocer), si mi abuelo alcanzó a hacerse estas preguntas. Y por qué será que mi abuela, llegada a Chile tanto antes que él, solo se nacionalizó veinticinco años después. Mi padre me ha dicho que no tiene ningún recuerdo de este trámite pese a que para entonces él ya era un adulto. Tal vez su madre sintiera que hacerse chilena fuera una renuncia definitiva, una traición. Tal vez le importara demasiado como para ahondar en el drama de la renuncia. Aunque cómo podría renunciar a ese lugar que ya los ingleses le habían arrebatado. Lo menos recordado de la historia de la diáspora palestina es que ya en 1925 el mandato británico había empezado a negarles el regreso a los palestinos que habían huido del Imperio otomano, facilitándoles, a la vez, el ingreso a los judíos europeos que lo solicitaban impulsados por el sionismo. Esa decisión sin precedentes para el imperio colonial británico derivaba de la torcida idea de que los palestinos eran ciudadanos turcos, con papeles turcos, y que además eran étnicamente turcos. Al meter a árabes y turcos en el mismo saco, los ingleses consideraron que los palestinos no eran de donde-donde decían ser: que debían volver a una Turquía de donde-donde no eran. Y los israelíes harían lo mismo después: meterían a los palestinos en el costal árabe por más que entre los árabes hubiera diferencias históricas, étnicas y religiosas, por más que hablaran distinto la misma lengua: un árabe con otro son.

as it w(h)ere

Me encuentro comentando por correo el poemario a una escritora nacida en Inglaterra de padres indios, criada en Kenia, educada en Londres y casada en Berlín donde vive hace casi dos décadas. Quiero confirmar que a Priya le preguntan con la misma frecuencia que a mí de dónde es mientras intentan descifrar su rostro. Quiero saber si le preguntan o si dan su origen por evidente. A mí ese *where are you from* nunca me cae como pregunta sino como aseveración, como adivinanza: o es un *are you from...* que se cierra con el nombre de un país y un signo de interrogación, o es un *are you...* seguido de un gentilicio cualquiera. A veces ni siquiera es eso, simplemente me hablan en una lengua que no entiendo esperando que me dé por aludida. «*This notion of projecting, placing and therefore estranging someone is so powerful*», comenta sucinta mi amiga Priya en su mensaje, a vuelta de correo. «En Alemania, como en tantos sitios, persiste la idea de que existe un fenotipo propiamente "alemán"», explica, poniendo alemán entre unas comillas que cuestionan la idea misma de alemanidad. «Y por supuesto todos estamos siempre leyendo a la gente, sobre todo leyendo sus rostros para ver si logramos situarla geográficamente —y no solo culturalmente, o mentalmente *as it were*. Siempre parecemos querer, incluso necesitar, confirmaciones». Y tomo nota de su reflexión comprendiendo que no ha respondido a mi pregunta.

caras extranjeras

No hace falta, sin embargo, tener tantas genealogías en el rostro: mi colega Benjamín, alemán-de-toda-la-vida, puede dar cuenta de esas maneras de catalogar. «A mis padres —escribió una tarde en las redes— los vecinos les decían "los españoles": bastaba la tez morena de mi madre y el bigote negro de mi viejo como para pensar que esta pareja no podía ser alemana. Y eso que ya habían escalado a la categoría de "raza" española: durante los 70 y 80 en todos los controles policiales siempre les tocaba bajarse del auto porque los tomaban por turcos, kurdos, palestinos o alguna otra especie con potencial terrorista». Su hermana mayor tenía menos suerte que los padres, a ella la increpó un compañero de colegio porque tenía «ojos de judía» y a la hermana menor le tocó la pregunta: ¿Y de dónde vienes tú? Esa hermana, que nunca había salido de su ciudad natal, no entendió. «Sé que eres de aquí pero ¿de dónde eres *realmente*?» Mi amigo hablaba de un racismo «aterrador» que, aun cuando se originaba en la ingenuidad y no en el odio, probaba cuán normalizada está la idea de que hay un «fenotipo autóctono», un rostro puro, y que quien no lo tiene debe ser extranjero. «A veces me dan ganas de sacarle una fotocopia al *Ariernachweis* de mi abuela, el certificado de "aria", emitido en el Tercer Reich. En cierto sentido, mi abuela tenía suerte de poder recurrir a su linaje y el criterio de la sangre porque como era bien morocha también siempre le decían así, la "morochita", al igual que a mi abuelo, que tenía un aire "exótico" siempre le decían "el asiático".»

send her back

En una de estas noches repaso mis años de *legal alien* en los Estados Unidos. Legal pero alienígena o *alienus* que significa otro, diferente, extranjero, y eso he sido yo: una extraña que voluntariamente marca la categoría de *other* en la encuesta racial. A veces he marcado *asian* y *black* porque Medio Oriente es Asia y es África, y otras veces he agregado *spanish* o *hispanic* o *latino* o *white*. *Send her back*. Recuerdo que mientras solicitaba mi permiso de residencia para abandonar mi estatus de *alien* debí viajar a Chile, y al regresar me mandaron a la pieza chica de los migrantes: dos agentes examinaron mis documentos y comentaron en voz alta mi vencido visado de estudiante y mi matrimonio con un ciudadano para conseguir papeles que me facilitarían la existencia. Los agentes tenían la última palabra y me mantenían en suspenso en esa pieza oscura, sin mirarme, pero asegurándose de que los escuchara burlarse de mi biografía migratoria. *Send her back. Send her back.* Mi corazón estaba sacudiendo el resto de mi cuerpo, me estaba ahogando de incertidumbre: podían dejarme entrar o deportarme y de paso matarme de un infarto, pero antes de que colapsara el miocardio subí el volumen de la música en mi teléfono hasta dejar de escucharlos. Hice de la música mi armadura. Diez años después sigo viviendo en el mismo país, sigo casada con el mismo hombre, sigo sin pedir la ciudadanía, y esto me hace caer en la categoría de la *alienada* que no quiere pertenecer ni participar o que quiere participar sin pertenecer del todo solicitando la renovación de una tarjeta verde completamente blanca. *Send her back.* Recuerdo que en la solicitud de renovación me devuelven mi tarjeta verde-pero-blanca con una etiqueta roja que indica solo una extensión de doce meses. *Twelve months only, sir? Yes*, afirma el *sir* sin levantar los ojos hacia mí, ocupado como está en ir pegando más *stickers* en otras tarjetas igualmente blancas. Se están demorando mucho más que antes en entregar las tarjetas que deben durar una década. La investigación de cada individuo se ha vuelto más rigurosa, el proceso más demoroso. Debiera agradecer que ese adhesivo me permite seguir en los Estados Unidos mientras estoy en Berlín, y de paso en Palestina, me digo tapándome las piernas con una frazada porque bajó la temperatura y estoy temblando. Metida en esta cama con Marwa Helal entre mis manos recuerdo que ella, al acercarse a su adultez americana, solicitó la residencia permanente, pero la burocracia tardó tanto que ella cumplió los veintiún años y dejó de ser elegible para el trámite que confería estatus legal a los hijos de padres *alien*. Quedó en tierra de nadie, o en tierra de todos menos de ella. *Send her back. Send her.* Helal fue deportada a la casa cairota de sus padres donde iba a pasar mucho tiempo sola intentando que le devolvieran el derecho a vivir en su casa americana donde había crecido, donde aún vivían sus padres y sus hermanos. «*I come back to the US because it is what I know*», escribe sobre ese momento. «*Because this is where my family and friends are. Where my home is. Where my work is. I come back because I am American. It is hard because Egypt is where my family and friends are. Where my home is. Where my work is. It is hard because I am Egyptian*».

traba-trabajos

Ya anocheció en la furgoneta de todos los días mientras le hablo a Rana de ese ser y sentirse dividida de Helal que tanto se asimila, pienso, a la situación en que esta palestina ha vivido durante los últimos años. Rana niega con la cabeza, con todo el cuerpo, se remece su pelo negro esponjado por la brisa. *Laa, laa, bilmarra,* dice, ¡para nada es lo mismo! Rana insiste en lanzarme partículas de árabe como si fuera a aprender la lengua de a pedazos. Ella dice haber elegido ser más de Ramallah que de Chicago, ha elegido Palestina como patria por más que sea *born and raised* en los Estados Unidos. ¡*Tirbayit Amrika,* pero Palestina! Ella decidió perfeccionar su árabe, decidió realizar estudios en historia palestina, decidió aceptar, años atrás, la plaza de profesora en la Universidad de Birzeit. Su padre palestino hubiera preferido que ella permaneciera en la casa estable que él había intentado procurarle, pero él ya había hecho su vida y tuvo que aceptar que ella hiciera la suya. A diferencia de Marwa Helal, que debió luchar por ser reconocida como estadounidense *además de* egipcia, Rana solo está exigiendo su palestinidad. Y no se enreda en el trabalenguas del *from-from*: la cuestión personal es lo de menos, asegura, lo de *más* es tener sus papeles en regla para poder salir y entrar y poder participar plenamente del hacer académico dentro y fuera de Palestina. Pero a los profesores que entran a los territorios con pasaportes extranjeros y contrato universitario, Israel no les concede más que un visado de turista. El documento que le permitiría trabajar legalmente no existe para los extranjeros aquí. ¿No hay un equivalente a la *green card*? La melena de Rana vuelve a agitarse: lo que hay o lo que más bien hubo, comenta corrigiéndose, es que una va a una oficina con su visado de turista y su contrato laboral y pide una extensión de un año del visado de no-trabajo que le permite quedarse gracias a que una tiene un trabajo. Un trabalenguas laboral, digo. Sí, dice, un traba-todo, y viéndome cara de acertijo suspira, ya sé, no tiene sentido, es kafkiano, no por nada *Kafka was a Jew. Did you know that?* Así son las cosas aquí, o lo eran hasta el año pasado, agrega, porque de pronto a siete profesores nos negaron esa extensión y nos quedamos sin papeles; por eso no puedo salir de Palestina, por eso no puedo cruzar hacia Israel ni hacia ninguna parte, por eso tengo que evitar *the damn checkpoints. I am an undocumented Palestinian!*

tu casa, tu cárcel

Recordaré esta conversación mucho tiempo después, cuando nos encontremos a almorzar en un boliche de Nueva York y yo le pregunte cómo es que decidió aceptar una invitación temporal para enseñar en una prestigiosa universidad estadounidense. Si tendrá problemas para regresar a su plaza y a su casa en Ramallah. Se encogerá de hombros y me dirá que no se arrepiente de esta decisión por más que sea riesgosa: salió de Palestina sin papeles y no sabe si podrá regresar. Pero ha decidido no aceptar que Israel convierta su casa en su cárcel ni que sea Israel quien dicte el resto de su vida personal y profesional. Noto, sin embargo, que en todos estos meses su pelo negro se ha llenado de canas, como si ella supiera sin decírselo a sí misma que tal vez ya no pueda regresar.

tres preguntas

Hace años imparto el ramo de culturas globales en la Universidad de Nueva York; para entrar en materia, cada inicio de semestre les pido a mis alumnas, porque son sobre todo alumnas, que se presenten a sí mismas respondiendo tres preguntas. ¿Y cuáles son?, pide Rema, la incisiva antropóloga de Jerusalén que viaja con nosotros, explorando con nosotros este otro lado de su patria. La primera pregunta, le digo a ella en inglés: *Where does your family originate?* La segunda, les digo, sumando a Rana: *What is home for you?* ¿Y la tercera? La tercera es la que más problemas me causa: *What languages do you speak other than English?* Rema y Rana componen una sonrisa esclarecida, saben bien que estas cuestiones despiertan el resentimiento de una facultad acostumbrada a unos privilegios que incluyen la lengua. Saben, porque se educaron en la universidad estadounidense, que algunos de mis colegas habrán fruncido las cejas y advertido, en el sentido de la advertencia, que yo no debiera hacer esas preguntas. Saben las dos, como si fueran una, que no es debido formular esas preguntas culturales que podrían ser vistas como discriminatorias o intimidatorias o simplemente incómodas, y no se debe perturbar a un estudiante que paga semejantes sumas de dinero por su educación. Rana y Rema saben que quienes solo hablan inglés se sienten amenazados o disminuidos cuando descubren que sus compañeros europeos y sus compañeras latinoamericanas hablan la lengua dominante y la materna y que el número de lenguas se dispara entre asiáticas, indias y africanas. La chica de Zimbabue habla cinco. La de Bangladesh, tres y media, porque no puede decir todavía que domine el mandarín que está aprendiendo por gusto. Es la desventaja, acaso la única desventaja de las estadounidenses: haber nacido en la lengua dominante y nunca haber necesitado otras lenguas, nunca haber sido picadas por la curiosidad de saber qué dicen los demás. Pero como eso tampoco se puede decir, lo que argumentan mis colegas es que un estudiante sin papeles podría sentirse amenazado por la pregunta y atemorizado de dar una respuesta que pudiera incriminarlo. ¿Y qué haces? Están mirándome con tanta atención que más que mirarme parecieran estar leyéndome el pensamiento o peor, atravesándome con la mirada. Nada, digo, no digo nada, porque nunca, en todos estos años que ya son muchos, he tenido problemas con mis alumnas. Ninguna se ha quejado y solo una vez una estudiante china prefirió abstenerse. Porque responder, les digo, es una opción tan válida como no tener respuesta.

mezcolanza

Soy yo la que parte presentándose ante el curso y compartiendo lo que en castellano llamo mi mezcolanza y en inglés, *my mixup*. Hablo de mis ancestros mediterráneos, de mi mitad palestina, de mi pedazo italiano, de la parte anónima que podría ser indígena o haber arribado a Chile desde la península ibérica en los tiempos de la conquista. Rema, la mayor, y Rana, la menor, observan absortas cómo tomo posesión teatral de la escena pedagógica, y se ubican, ambas, en el desconcertado lugar de mis alumnas. Tener una historia de familia no significa, les explico a ambas en mi torpe inglés-instructivo, notando que se retuercen en sus incómodos pupitres, *it doesn't mean*, repito, que no hayan en mí, como en todos, personas que nadie nunca declaró. Puede que esos inconfesados secretos se manifiesten en la acentuada curvatura de la espalda, en el pigmento de mi piel, en rasgos más o menos acentuados. Rema y Rana se ríen de esta ocurrencia adúltera pero de inmediato retoman su gesto de alumnas circunspectas, de alumnas que prestan atención mientras les explico que, en cuanto a las lenguas, además de mi inglés lleno de acentos y de mi castellano chileno, solo poseo pedazos sueltos de algunas lenguas que se desgajaron del latín, todas lenguas que en mi boca encuentran su ruina. Rema y Rana me hacen un guiño crítico: no es verdad que hable tan mal el inglés y ¿no había dicho yo que estaba aprendiendo alemán en Berlín? Aprendiendo no es haber aprendido, no todavía, lo que sé es *nur ein bisschen* y eso no es mucho aunque sí debo decir que mi idea del alemán cambió, porque todo el alemán que había escuchado en mi vida, escuchado sin entender, era en películas de la segunda guerra mundial donde los nazis, en vez de hablar, ladraban como perros rabiosos. Y veo que ellas asienten y disienten, asienten al error, disienten de todo lo demás. Pero déjenme terminar de decirles, les digo, que aunque he vivido veinte años en Nueva

York no me he vuelto ciudadana de ese país. *Why not?* Es la voz de Rana agudizada en su representación de gringa veinteañera. ¿Por qué?, respondo yo. Y ese por qué es difícil de contestar. Porque..., murmuro y me callo porque no lo sé, tal vez porque sigo siendo y sintiéndome chilena, porque dos veces al año actualizo mi chilenidad visitando y hasta viviendo unas semanas en Santiago. Qué significa exactamente *ser de* Chile, *seguir siendo de.* Hace veinte años dejé de tener una dirección chilena y de residir permanentemente en mi país por más que del todo no me he ido nunca, porque todavía me conmueve y me enoja y me hace reír la patria, porque todavía habito sus pesares y estallidos, porque me siento a apenas unas teclas de distancia. Porque esa referencia originaria determina lo que escribo. Porque aunque me cuesta recordar algunas calles y algunas ciudades y fechas solemnes, y a todos esos próceres dignos de olvido, todos esos nombres y años se activan en cuanto aterrizo en el aeropuerto, se desclasifican para su uso inmediato. Porque mi pasaporte todavía es chileno aunque tantas veces no me haya servido para votar. Pero qué me queda si ya no entono bien el acento, si pronuncio lo que los míos aspiran al hablar; qué si solo afuera se percibe ese canturreo que es un resto desfalleciente sobre mi lengua, un resto vivo pero discreto, casi inaudible. Qué me queda si se me escapa la jerga o se mezcla con otras que adquirí en otros lados. Qué me queda si he perdido la gestualidad, si ya no tengo «cara de chilena».

privilegio de unos párpados

Una vez una alumna me espetó, en alto, para que todas las demás escucharan, que yo contaba con un privilegio. *You've the privilege of passing.* Su boca contraída, sus ojos crispados. *The privilege of fooling a lot of people*, dijo, hizo una pausa acusatoria y luego murmuró que ella no contaba con el privilegio de parecer de muchos lugares. Que sus ojos rasgados la hacían extranjera aunque fuera de Colorado y solo hablara inglés. *Tell us more*, respondí, queriendo saber más. Yo puedo cambiarme el nombre, agregó, puedo tomar, en el futuro, el apellido de mi pareja, puedo teñirme y rizarme el pelo pero no puedo esconder mis párpados. Algunas alumnas la observaron de perfil, otras desviaron la mirada. Me fijé en esos ojos de ella y bajé los míos, sin saber cómo decirle que no escondiera lo que la singularizaba, aquello que la hacía única. Que no se le ocurriera redondear quirúrgicamente sus ojos como hacían más y más mujeres buscando ser aceptadas como iguales al costo de borrar sus rasgos.

anemia

Una editora brasileña de ascendencia japonesa me había dicho que ella carecía del privilegio de ser apreciada como propia de su origen. Lo supo la única vez que viajó a Japón: ahí conoció el desprecio ante su piel, tan bronceada, tan oscura, tan provocadora de toda clase de comentarios, mientras a ella las japonesas le resultaban tan pálidas, un poco anémicas. Y me recuerdo escuchándola decir que nunca ha querido volver a ese lugar, que no expondría a sus hijas a esa situación, que sus hijas ya son brasileñas de padre brasileño. Y estoy viéndola decir algo más o quizás la estoy soñando, sé que he cerrado los ojos, exhausta, sé que está sonando mi despertador, sé que debo despertar y enderezarme y ducharme y vestirme y desayunar para partir en busca de mi familia allá en el convulso interior de Palestina. Beit Jala: de donde los morenos meruane morany marwani merauneh de la tribu de los saba se supone que son.

IV. Máscara mortuoria

cumplir una promesa

El número telefónico de las tías palestinas se me extravió en Berlín o antes en Nueva York. O quizá se me traspapeló en Santiago pero tampoco mis tías chilenas dieron con él. No hubo manera de anunciarme. Si había llegado una vez podría volver a llegar, comentó mi padre en un correo, y mi madre insistió en que no podía ser tan difícil y yo pensé que encontraría como fuera a las tías Abu Awad, esas tías que eran en rigor mis primas lejanas y a las que cinco años antes les había prometido regresar.

mapa de papel

Grecia se sumó a mis planes para la única tarde que nos habían dejado libres: nos iríamos juntas hasta Belén y ahí nos separaríamos: ella cruzaría hacia la vecina Jerusalén y yo partiría en dirección contraria, hacia Beit Jala. Empezamos a planificar el recorrido en un bar de Ramallah, dos copas y un mapa de papel entre nosotras. Es mejor el mapa en papel que en la pantalla, susurró Grecia: debíamos prescindir de los teléfonos por si estábamos siendo vigiladas sin saberlo. El algoritmo es un dispositivo de vigilancia, había advertido Germany en una cena. Cada vez que consultas una dirección, escribes un nombre, tecleas palabras como *Palestina* o *sionismo* o *terrorismo* se levantan alertas que quedan registradas por los algoritmos de vigilancia predictiva que están racialmente sesgados. Y porque ya sabíamos que estábamos siendo vigiladas de todas las maneras posibles, todo el tiempo, decidimos dejar los teléfonos en el hotel antes de partir. Yo me fiaba del sentido de orientación que Grecia había demostrado guiándome hacia bares nocturnos y del que yo carecía por completo. El *ge-pe-ese* no venía incluido en mi sistema cuando nací, y me toqué la cabeza con un dedo para indicarle a Grecia dónde estaba la ausencia, mientras el tuyo, y señalé su frente, es de última generación. Grecia asintió diciendo que llevaría su mapa porque una cosa era ser orientada y la otra era llegar al sitio sin haberlo visto antes.

pasaportes chilenos

Siguiendo a Grecia que iba siguiendo el plano de Ramallah recalamos en la estación de buses flanqueada por una cafetería de logo verde y redondo llamada *Stars & Bucks* que era y no era una cafetería americana. La calle estaba atestada de gente, mujeres destapadas o envueltas en trajes largos, y hombres, sobre todo hombres, comerciantes taxistas paseantes conductores de camionetas gritando a viva voz. Cada vez que preguntábamos cuál de esas camionetas amarillas como yemas hacía el trayecto a Belén nos indicaban camionetas que iban hacia otros pueblos que no eran ni Belén ni Beit Jala. No descartamos ninguna sugerencia, ni siquiera la de entrar al centro comercial y de tomar su ascensor hasta el último piso e internarnos por un oscuro estacionamiento. No podía ser ahí pero era: ahí estaban las camionetas que se dirigían a nuestro destino. Nos trepamos a una, nos sentamos en los dos asientos que quedaban junto a un muchacho árabe y salimos todos hacia la luz, hacia la carretera; si no encontrábamos obstáculos haríamos una hora hacia el sur. Y nos fuimos comentando el camino, discutiendo a quién le pertenecía esa ruta que estábamos recorriendo. Y fuimos especulando cómo sería la ciudad santa, cuánto nos tomaría darle una vuelta y visitar el templo o la cueva donde se supone que nació Cristo; todo eso antes de separarnos. Fue entonces que el muchacho árabe se animó a indagar de dónde éramos. De Grecia, dijo Grecia. De Chile, dije yo, entonando mi chilenidad, y entonces la cara árabe del muchacho palestino se iluminó. Yo también soy un poco chileno, chileno *as of today*, dijo en inglés. Y abriendo su mochila hizo aparecer un flamante pasaporte burdeos con letras doradas y el escudo dorado con su cóndor y su huemul que le habían mandado desde Santiago junto con un carné de identidad. Eran los mismos dos documentos que yo traía en mi mochila. Rápido intercambio de pasaportes, dedos veloces los míos por páginas vacías hasta que alcanzo su nombre: el muchacho ya chileno se llamaba Nicola Jadalah Tit pero el muchacho palestino me estaba diciendo que su nombre era Nicola Antón Hanna Khalil y que el apellido de su padre era Alteet. En Chile le habían dado el de la madre. Y aunque yo quería saber cómo era que el Servicio de Registro Civil e Identificación se había equivocado y vuelto a Nicola dos personas, cómo era que le habían revuelto los apellidos en pleno siglo XXI, me quedó vibrando otra inquietud en el tímpano. Tit... Alteet... ¿Eltit? ¡Sí!, exclamó, levantando un *yes* orgulloso. Alteet y Eltit eran el mismo nombre con pronombre incluido. Los tíos chilenos de la familia Tit venían de visita cada verano con sus pasaportes rojos, eran tan cercanos a su padre. Lo decía en inglés porque Nicola entendía tanto castellano como yo árabe, dos o tres palabras corteses. Pero yo insistía en ese Eltit porque era el apellido de la escritora descendiente de Beit Jala que había sido mi maestra. Con esa Eltit alguna vez yo había bromeado que nuestras familias debían de haber sido vecinas, tal vez teníamos parientes en común. Tal vez éramos primas lejanas, o ella era mi tía y no lo sabíamos. Y Diamela Eltit se había reído de esta idea que podía ser cierta: era tan pequeña Beit Jala en los años de la gran migración que las calles no necesitaban nombre ni las casas número. ¿Sabes quién es Diamela Eltit?, ¿la conoces?, le pregunté con entusiasmo y envidia de los Tit porque el apellido de ellos estaba acá y allá mientras el mío había desaparecido o nunca existió. ¿*Diamila*?, repitió él con cuidado, con esfuerzo intentando levantar capas de polvo de su memoria. Nooo, *laa, laa*, se mordía los labios y meneaba su cabeza envuelta en pelo negro, en barba negra y cerrada. No sabía quién era esa Diamela, no sabía que hubiera una escritora chilena tan importante con su apellido y sonrió achicando sus ojos también oscuros, avergonzado de no conocerla, de no haber oído nunca antes su nombre. Prometió consultar con su padre, que seguro sabría. Porque su padre había vivido varios años en Chile mientras él nunca había puesto un pie ahí.

asuntos cambiarios

Los últimos shekels se fueron en una dudosa transacción en la Basílica de la Natividad que pintaba de parroquia en plena reparación. En ese templo se habían descubierto mosaicos de oro bajo la cal, los muros estaban siendo limpiados con fondos europeos pero no era esa la gran atracción sino el pobre pesebre de las catacumbas donde, según se decía, había nacido Jesús. Había cientos de personas intentando descender al parche de tierra donde habían reposado los animales y José y la Virgen embarazada. La cola era larguísima pero los turistas esperaban lo que fuera para posar, por turnos de medio minuto, y estampar sus rostros multifacéticos en las cámaras. Y para apreciar la estrella que indicaba donde durmió el hijo de María que no era de José. Esa estrella que no se podía tocar. Todo eso lo advertía una página de turismo que Grecia había leído la noche anterior. La multitud era en efecto enorme y nosotras no teníamos tiempo que perder, ¿valdría la pena esperar? Nicola levantó los hombros y replicó, ¿éramos creyentes? Y nosotras nos miramos la una a la otra sin saber qué responder porque esa no era una cuestión de fe. No había pasado ni un minuto cuando un guía (que seguro nos había oído hablando en inglés) se acercó para ofrecer acortar nuestra espera por solo veinticinco shekels. Ni siquiera negocié esos diez dólares fariseos. Pagué por todos y me quedé sin cambio. *Don't work yourself*, terció Nicola intentando consolarme con traducida torpeza, afuera encontraría cajeros. Y en efecto encontré uno pero ese cajero entregaba dinares jordanos que apenas servían para trámites oficiales. Y sin saber eso, sin calcular cuál era el cambio, yo saqué una cantidad enorme de esa moneda inservible. *Don't work yourself*, repitió palestinamente Nicola, hay una solución, siempre hay una solución: podíamos acercarnos a una casa de cambio. Eso hicimos los tres, meternos en un local donde un hombre de larga barba manchada de canas y una notoria nariz tomó mis dinares con una mano de dedos estirados y con la misma me entregó el cambio. Debería darte 800, calculó Nicola levantando cejas de escándalo, porque ahí había apenas 600. Ese sí era un problema para el ingeniero Al Teet: empezaron a discutir agitando la lengua árabe mientras yo miraba de reojo a Grecia que se soplaba la chasquilla, desesperada de calor. El hombre de la barba que parecía postiza encontró una calculadora contra su voluntad, contraídos los músculos faciales, hundidas las comisuras, los dientes manchados de siglos, y ante la vigilancia palestina de ese Eltit ahora chileno procedió a golpear los números, a multiplicar y dividir cifras equivocadas que una vez corregidas acabaron siendo una fortuna en moneda israelí.

el desconocido

Grecia se iría a Jerusalén, en un bus, yo me iría a Beit Jala, en otro. A Nicola lo vendría a recoger su padre: hablaba con él por teléfono mientras nosotras nos despedíamos y yo entresacaba de sus frases árabes a mis espaldas la palabra Chile. Chile. A cada tanto mi país arropado por esa lengua infranqueable para mí. Antón Alteet decía al otro lado de la línea que nunca había regresado a Chile, y quería conocerme, dijo Nicola traduciendo a su padre, quería llevarme a Beit Jala y dejarme en la plaza Chile junto a la casa de mis tías. Y aunque quizás no fuera recomendable subirse a un auto, no ya con un desconocido sino con dos, despedí a Grecia en el bus que ya partía y me fui caminando con Nicola hasta la esquina donde él y su padre habían quedado de encontrarse. Nos montamos en un auto que se venía abajo y ese hombre, ya mayor, me hizo sentar adelante para conversar conmigo en un castellano-chileno de acento palestino alternado con palabras francesas. Me dirigía esa mezcolanza con rapidez porque Beit Jala estaba tan cerca y Antón tenía tanto que decirme. Se detuvo minutos después. Esta es la plaza Chile. Dónde viven tus tías. Por allá, dije yo, apuntando con incertidumbre hacia una callecita. Tal vez fuera la otra calle. No estaba segura. Y a qué horas te esperan, preguntó Antón, pero a mí no me esperaba nadie. ¿Y cómo dijiste que era el nombre? Y yo repetí el apellido de las tías, los nombres de las dos, Maryam, Nuha. No las conozco, dijo Antón extrañado, y volteó hacia atrás, hacia su hijo, e intercambiaron un par de frases. Antón se disculpó: mira, no sé dónde están pero conozco a unas mujeres de esa familia y deben saber, pero es hora de comida, preparé unas alcaucil con carne y con, ¿cómo se dice?, su castellano demorándose, ¡arroz!, venga a almorzar a nuestra casa y te prometo que después te ayudo yo a buscarlas. Pensé en la hospitalidad palestina, en los cuatro platos que podían tragarse el poco tiempo que me iba quedando para la visita, pero pensé que iba a necesitar ayuda en ese territorio a la vez familiar e ignoto, y acepté advirtiéndole al padre en castellano y al hijo en inglés que no podría quedarme más de una hora. Hecho ese pacto el padre encendió el motor vetusto de su auto y nos fuimos a la casa de los Tit en la punta de un cerro.

una chica de beit jala

La plaza se llama Chile, le había dicho a Nicola que no la conocía o no la recordaba pero que estaba en el camino de los buses que pasan por Beit Jala; por ahí bajan, ahí me bajé yo cuando estuve en tu ciudad, insistí, dudando un poco, preguntándome si podíamos estar en distintos mapas. Hay un cartel muy grande escrito en árabe y en castellano, pero él levantó las cejas gruesas como cerdas, como si elevara los hombros, y cambiando de conversación me dijo: *You look so much like a girl from Beit Jala.* Y dijo que no solo era el pelo rizado y los ojos de almendra; era la forma de la risa, la facilidad de la risa, el modo de mover las manos al hablar.

ciudadanos de mundos

Me diría después, meses después y por escrito, que Antón no solo había vivido en Chile sino que en Francia Argelia Jordania Brasil, y que había pasado por Turquía Líbano Egipto Siria Libia Chipre Bulgaria Montecarlo Niza durante los veranos, cuando todavía les era fácil moverse. Lo difícil iba a ser el regreso. El padre era profesor y estaba enseñando en Argelia con su hermana cuando ella decidió casarse. Era 1967, el año de la guerra de apenas seis días cuyas consecuencias todavía se sienten. Era 1967, leí en el mensaje de Nicola, al padre y a la tía no los dejaron atravesar la frontera. 1967. El mismo año que mi abuelo, ya adulto, ya casado, ya padre de cinco hijos universitarios, ya ciudadano de la República de Chile, quiso en vano volver a visitar su casa palestina. Y puesto que el joven Antón tampoco pudo regresar a la suya desde Argelia, partió a Chile donde vivían y trabajaban sus tíos, los Tit. *They used to work in bunnies iris with recollita*, escribió Nicola en un correo electrónico y yo traduje, calle Buenos Aires con Recoleta. *He lived near patronato, and his uncle used to live in rio dejunaro*, que era Río de Janeiro. Comprendí que Nicola estaba transcribiendo lo que le escuchaba decir a Antón en árabe, en el teléfono, desde Palestina, porque era desde Omán que Nicola me escribía en inglés, y el párrafo cerraba en que *he used to work in this area*. Un año y medio había trabajado Antón con sus tíos en ese barrio textil entretejido por calles con nombres de ciudades, luego abrió su propio negocio de ropa. Chile era el país extranjero donde más tiempo había vivido, casi siete años, y ya había oficializado su ciudadanía chilena cuando regresó obligado por el abuelo Alteet que le prohibió pasar de los treinta en un país extranjero. Debía volver para casarse con una palestina y tener hijos palestinos y multiplicar las ramas del árbol genealógico. Así lo hizo Antón, en el momento preciso, justo después del golpe de Estado chileno.

alcauciles al almuerzo

Antón sirvió unas alcachofas tan deshojadas y rebanadas que no parecían alcauciles, salvo por el sabor. Nicola enterró su tenedor en el plato como si metiera una moneda en una alcancía y yo pregunté por la madre, que existía, me había saludado al llegar pero andaba sola por la sala arrastrando un vestido azul y nosotros, sin ella, ya estábamos comiendo. Nicola levantó su cuchillo hasta la garganta y simuló un corte horizontal para indicarme que la operarían a la mañana siguiente. Estaba en ayunas, la madre, en ascuas. Apenas unos minutos después se apersonó ella en la cocina con cara de circunstancia y un pañuelo alrededor del cuello: su mal estaba ahí abajo, en la tiroides que le iban a extirpar. Mi mente se detuvo en esa glándula deforme, en el cartílago, en la tráquea de la madre que podía perder la voz, en los músculos y huesos obligados a mantener la cabeza unida al resto de su cuerpo. Debía pensar en otra cosa, comerme esos corazones de alcachofa en esa salsa roja de tomates, tragarme sin esfuerzo los gajos de la naranja que me pusieron sobre un plato. Terminamos de comer junto a ella. Antón miró la hora: empezaba a hacerse tarde.

laberinto de un apellido

Y dimos vueltas a varias esquinas pero mis tías no estaban donde yo las dejé en mi recuerdo. Las calles eran todas iguales. Las casas, de indistinguible piedra amarillenta, se mezclaban con las casas que yo había fotografiado pero no podía recurrir a comparaciones porque mi teléfono estaba muerto. Toqué un timbre cualquiera. Abrió un muchacho sin polera que parecía sacado de una siesta y encogiéndose de hombros me dio a entender que no conocía a esas hermanas Abu Awad por las que yo estaba preguntando. Y dimos otra vuelta más pero la casa de mi memoria se había esfumado. Antón me consoló en su castellano casi chileno, mira, no te preocupas para nada, lo resolvemos al tiro. Él conocía a varios Abu Awad, que eran muchos pero todos eran los mismos. Iríamos a sus casas, preguntaríamos por ellas. ¿Estaba yo segura de que era ese el apellido? Pero ya mi seguridad estaba tan perdida como la casa que buscaba. Anduvimos otro poco en ese auto añoso con Nicola en el asiento trasero y llegamos a una residencia de piedra con puertas adelante al costado detrás y las tocamos todas con los nudillos y después con la palma de la mano hasta que se asomó una joven mujer con tres hijos colgando de distintas partes de su cuerpo. Algo le decía Antón mientras ella me miraba y yo a ella con los mismos ojos, debía ser prima mía, otra prima lejanísima. Y vi que ella asentía pero luego negaba con la cabeza y volvía a mirarme y yo a ella, buscando un parentesco que no encontré. Y vi que Antón asentía levemente y se daba vuelta hacia mí y me decía que mi tía o nuestra tía estaba muerta. Y como si una tía no pudiera morirse, como si cinco años no fueran tiempo suficiente para morir, como si la muerte misma no fuera posible, yo insistí en que debía estar equivocada esta prima desconocida y llena de hijos, debía tratarse de otra Abu Awad, de otra tía suya, de ella, no mía, o también mía pero no la que yo andaba buscando. Y empecé a describir a la tía bajita de gruesa cintura y pelo negro, es nieta de mi tía abuela Emilia o Jamile, estuvo en Chile hace años, habla castellano o un poco de castellano, lo decía todo en el presente de la existencia negándome al pasado, ese pasado en el que ella había deseado que volviéramos a encontrarnos. Había usado, mi tía, un *Insha'Allah* que había sonado a plegaria. Insistí: tiene una hermana más joven, más alta, más delgada que nunca salió de Beit Jala... Antón traducía y la prima, sus hijos correteando alrededor, continuaba asintiendo, sin duda, era ella, ella, esa tía se había muerto hacía meses de un cáncer cerebral.

no decir

Ya no podré decirle a mi tía lo que tenía preparado para ella. No podré contarle que mi padre y mis tías han decidido venir o volver a Palestina, a Beit Jala, a tocar como yo la puerta de su casa. No le contaré que fue la lectura del libro que escribí después de conocerlas lo que acabó por convencer a mi padre, o que quizás fue la insistencia de mi madre lo que lo convenció, o que tal vez fue mi hermano-el-mayor quien lo logró al organizar el viaje porque también él quiere ver lo que yo he visto pero no quiere verlo solo, como yo, sino acompañado de nuestros padres y tías y de su mujer chilena de apellido árabe. No podré hacerle a Maryam ese anuncio que la hubiera hecho feliz.

máscara mortuoria

La casa me resulta distinta. La gente es otra. Entra por la puerta un hermano de Maryam que no se parece en nada a ella ni tampoco a mi padre, y que vive con sus hijos en un segundo piso que yo no visité. Nos sentamos en la cocina donde su mujer palestina prepara la cena y me sonríe cada vez que me mira, me dispara unas palabras castellanas rescatadas de los años, ya lejanos, que vivió en Honduras. Él, que solo habla su lengua propia, repite mi nombre una y otra vez alargando tiernamente las vocales, *Liiinaaa, Liiinaaa*, como si quisiera traducir los nombres de mi abuela italiana, Lina, y de mi madre, María Lina, ese Lina que yo heredé sin saber que era tan mediterráneo y común, mi Lina vuelto árabe en su boca. A la *Liiinaaa* de Beit Jala que ahora soy Emil le ofrece naranjas que él mismo pela y café que él mismo prepara. A falta de otras palabras, esos gestos. Y veo que hace varias llamadas por su celular y unos minutos después empieza a llegar el resto de la familia que todavía vive. Lucía se sienta junto a mí y quiere decirme que hay un hermano de ellos en el sur de Chile. Decirme que otra hermana, porque fueron ocho, no podrá venir a conocerme, que algunos ya están muertos mientras yo trato de decirles a todos que pronto llegarán mi padre, mi madre, mis dos tías, mi hermano y su mujer a visitarlos, y veo que solo la mujer de mi tío entiende porque cierra los ojos imaginando lo que va a cocinar para agasajar a la familia chilena que no conoce. Y está diciéndome algo pero entra otra mujer, otra tía que es otra prima mía y por un momento creo ver a Nuha en ese rostro y después estoy segura de que es Nuha con cinco años de tristeza impresos en su piel. Nuha me mira un instante, me reconoce al siguiente, y me abraza como si yo fuera la hija pródiga que responde a su abrazo. Su cuerpo se agita despacio pero pronto está llorando en el hueso de mi hombro, hipando sin la más mínima compasión. Y yo quisiera acompañarla con mi pena pero no encuentro ninguna lágrima. Dentro de mí solo hay una alegría inconmensurable: estoy dichosa de verla, dichosa de haberla encontrado, dichosa de estar conociendo a estos otros miembros de mi tribu perdida. Y tal vez por eso querría que Nuha no hiciera eso que está haciendo ahora, apartarse de mí, secarse los ojos, alisarse el vestido con las manos. Rebuscar su teléfono y encenderlo. A falta de palabras para comunicarme su desdicha, me lo entrega, me indica la pantalla con el dedo y hace rodar un video de Maryam aún viva. El dedo implacable de Nuha me obliga a observar ese rostro familiar completamente hinchado de medicamentos. Su rostro transformado en la máscara terrible que su enfermedad le ha entregado, la que Maryam se llevará puesta a la tumba.

V. Pruebas fehacientes

orejas

«Cuando regreses a Berlín tienes que ir al Tränenpalast», escribe, inesperada, mi amiga Priya desde Berlín. «Te va a encantar el dato de las orejas.» Y en efecto esas orejas capturan mi ojo que avanza ávido por el mensaje. Priya me describe el llamado *Palacio de las lágrimas* como la sala pequeña y prosaica de las despedidas. Es el salón ubicado junto a la laberíntica estación ferroviaria de Friedrichstraße, en el lado oriental del muro que aisló una parte de Berlín durante la guerra fría. «*Times in which, as you know*», escribe, «*the police controlled the passport of those who tried to cross the border into the West*». Eran los tiempos de los *tearful goodbyes* entre familiares o amantes que quizás nunca volvieran a verse. Pero Priya no se detiene en las lágrimas ni en las cartas de amor ni en las fotos que exhibe esa sala-vuelta-museo sino en el sistema de la identificación de los pasajeros. Los funcionarios no eran de la policía «del pueblo» —la *Vopo* o la *Volkspolizei* de la RDA— sino de una unidad especial de la propia Stasi, la *Passkontrolleinheit*, entrenada para reconocer documentos falsos e identidades adulteradas. En vez de estudiar las huellas digitales o el patrón de las firmas, estos funcionarios se fijaban en la concordancia entre el retrato fotográfico y el rostro. La forma del cráneo. La entrada del pelo. El alto y ancho de la frente.

Die Lage, Form und Wuchs de las cejas. Se especializaban sobre todo en las orejas, en el alto de la oreja y el tamaño del lóbulo y la curvatura de cartílagos fosas hélices tragos conchas tubérculos escotaduras, que no solo son completamente únicos en cada persona sino que además no envejecen.

ich bin ein berliner

Esa frase alemana de John Kennedy resuena en mis tímpanos. Busco el video de su aparición en ese Berlín dividido, en los días en que visitó la ciudad y se volvió berlinés. «Todo hombre libre, donde sea que viva, es un ciudadano de Berlín.» Sus frases célebres de 1963, ya gastadas por el uso, debieron irritar las orejas de los jerarcas soviéticos que en 1961 erigieron su muro de ladrillo y hormigón que se achica ante el muro palestino. Observo a Kennedy recordándole al mundo, en inglés, su responsabilidad de venir a Berlín, y de declararse berlinés como él, usando la lengua alemana, agradeciéndole al intérprete que traduciría esa línea. Kennedy se ríe mientras el público lo vitorea, baja la cabeza, la levanta, la cámara lo muestra siempre de frente, siempre optimista. Llegará el día, dice, borroso en la filmación, llegará la libertad. Y antes de dejar el podio se despide diciendo, «*I take pride in the words, Ich bin ein Berliner*». Y yo lo dejo partir mientras busco en línea una foto que lo muestre de perfil, amplío su retrato ante los cuatro micrófonos, observo sus orejas. ¿Están muy abajo o es su frente demasiado alta, su cabellera demasiado frondosa peinada en un jopo? ¿Puede decirse que sus lóbulos, tan pegados a la cara, hagan de ellos prueba fehaciente de su berlinidad? Mi examen fisionómico, de tan minucioso, va volviendo esas orejas más y más extrañas, más enrevesadas, las va volviendo orejas inolvidables.

multiplicación de las cámaras

El muro soviético constituiría un modelo nefasto para todos los autoritarismos y capitalismos que vendrían después. El muro entre las Coreas. El muro de la vergüenza israelí. Los muros contra migrantes por toda Europa y en los estados desunidos de América. Los barrios amurallados de mi propio continente, el muro que se quiso construir en Santiago para aislar a los ricos recién llegados de los vecinos que llevaban décadas viviendo ahí. Unos muros que no son meras paredes de ladrillo cemento púas, sino que vienen coronados por cámaras de vigilancia. Cientos de cámaras indiscretas que escanean rostros facilitando la represión gubernamental de manifestantes legales, inmigrantes ilegales, minorías raciales. Discutimos el asunto durante otra cena palestina, mientras comemos una multitud de platos pequeños y variados que Germany, haciéndose el entendido en lengua arábica, llama *mezze*, que los palestinos conocen como *mazza* y que yo traduzco, ya masticando porque empiezo a picotear, como la españolísima *tapa*. Y bebemos, algunos, un *arak* marca *Sabat al-Muthallath* de Belén, y otros, unas cuantas copas de vino chileno que en Ramallah es el que abunda. Se supone que tenemos derecho a la privacidad aun en espacios públicos, pero eso es solo suposición, dice nuestro filósofo alemán volviendo a su legítima preocupación. Estamos bajo vigilancia permanente, sigue, levantando su vaso y llevándoselo a los labios.Vigilados, murmura la curadora con asco, pero no aquí, Germany, no en este restaurante. Nuestros ojos panean los techos abovedados y las esquinas recónditas del local; apagamos con disimulo nuestros aparatos telefónicos cuando yo les reporto la de veces que Siri, supuestamente dormida en el teléfono, en mi escritorio, en mi sala de clases, ha despertado para preguntarme qué acabo de decir. *I did not understand your question*. Su voz sutil pero maquinal. Su oreja siempre encendida. Apáguenlos completamente si no quieren ser escuchados, ordeno yo apagando el mío. Germany asiente con la boca llena de pan pita y los ojos enmarcados por sus lentes, y guardando el aparato repite que, en efecto, la vigilancia va más allá de las cámaras multiplicadas en los *checkpoints*, está en todas las intersecciones de las ciudades, en los colegios, en templos religiosos, en centros comunitarios, casinos, clínicas, en museos, en estaciones de tren y en el metro; están por todas partes y son capaces de pesquisar rostros por miles y de identificar personas apenas captadas de perfil. Porque esos rostros se comparan con los almacenados en bases de datos donde ya estamos todos nosotros, dice. Y no solo porque nos sacan fotos para el pasaporte, el carné o la licencia de conducir sino porque la camarita de la computadora nos está observando, acumulando nuestras expresiones. Y cada vez que revisamos esa red social llamada *Facebook: the book of faces! It's quite literal*, dice, y todos asentimos avergonzados de participar voluntariamente en esa red que vendió los rostros de 87 millones de usuarios a una consultora electoral para incidir en la votación presidencial de un demente de cara congestionada, boca carnosa, labios lanzados hacia adelante, ojos minúsculos que nos acechan. Nos vigilan. Senegal-el-mediano levanta la mano para señalar en un inglés-afrancesado que quiere añadir algo, y lo que suma son los nombres de compañías privadas que graban a los ciudadanos sin su consentimiento para luego vender lo recabado a la policía o al ejército. Se enriquecen descaradamente a costa de nuestras caras, dice dibujando sobre su rostro el signo peso, y Senegal-el-alto, un *bigboy* poco dado a expresar opiniones, asiente varias veces silbando. Todas estas compañías tienen nombres elocuentes, *Facewatch in the UK and Faception, like perception, here in Israel*, dice el-mediano, por ambos senegaleses. *And Anyvision*, aquí mismo, en estos territorios, agrego yo, que acabo de dar en internet con esa empresa. Pero Germany no se deja interrumpir más y retoma el hilo de su advertencia rumiando que nuestros datos biométricos son mucho más delicados que el número de una tarjeta de identidad o de crédito, porque esos números se pueden cambiar. *But you can't really change your face, can you*, dijo Rana, sombría, siguiendo el hilo. *Genau!, I mean, exactly!*, confirmó Germany. Y en ese momento, en esa noche iluminada por ampolletas

palestinas, desechamos, sin decir palabra, sin ponernos
de acuerdo, la ilusión de tomarnos una foto grupal.

desnudez

El ciudadano Edward Snowden, haciendo honor a su
apellido de nieve en el exilio ruso, publicará sus memo-
rias y dirá por todas partes, en páginas, en videos, sus
anteojos de marco invisible sobre su cara melancólica,
que desde el atentado de las torres, desde la caída de
esas torres que eran dos, su país que es casi el mío se
internó en tácticas de espionaje desatado pero disimu-
lado y que el peor de los peligros todavía está por venir.
Snowden habla del refinamiento de una inteligencia
artificial centrada en el reconocimiento automático de
rostros y de patrones de comportamiento. Porque una
cámara inteligente no es un simple aparato que graba
sino algo más parecido a un agente automatizado capaz de tomar decisiones. Snowden insiste en que los
Estados Unidos y otros gobiernos, todos auxiliados por
sofisticadas compañías digitales, están haciendo un registro detallado de todos los habitantes del mundo, de
todos sus movimientos, de todos sus actos públicos y
privados, sus compras, sus viajes, sus comidas y fiestas,
la música que escuchan, las series que ven, el porno
que consumen, las personas con quienes conversan o
se encuentran o sueñan por las noches, sus coitos nocturnos. «Estamos forzados a vivir desnudos ante el poder», dice, tal vez sin saber que esto ya nos lo dijo un

filósofo. Es la intrusión absoluta, dice, y está previsto que tenga consecuencias.

súper-reconocedores

Hay quienes tienen una habilidad superlativa en el reconocimiento de rostros. Es una capacidad del uno o dos por ciento de la población, pero solo se revela cuando la persona súper-reconocedora trabaja para la policía. Se sabe de un súper-reconocedor que ha logrado capturar cientos de sospechosos a partir de fotos vistas en apenas una ocasión, hace años, en cámaras o registros fotográficos. Para un súper-reconocedor traer un rostro a la memoria es tan instantáneo e instintivo como pestañear. No exige ningún esfuerzo pero tampoco se puede entrenar. Y aunque alguna vez erran, los súper-reconocedores son casi infalibles y mucho más precisos, dicen sus defensores, que las tecnologías de reconocimiento facial.

iguales entre diferentes

Nosotros, los no dotados de esta súper-capacidad solo reconocemos un promedio de cinco mil rostros. Sin embargo, una cosa es reconocer o recordar entre quienes son racialmente cercanos y otra es distinguir rasgos entre quienes nos resultan lejanos. Solemos estar mejor dotados para captar matices entre los primeros,

mientras que los segundos nos resultan demasiado semejantes entre ellos. Idénticos. Indistinguibles un rostro
del otro rostro. Preferiría no reconocer mi propia deficiencia como lectora facial: me cuesta diferenciar a esas
alumnas asiáticas, sentadas una al lado de la otra en la
última fila, y a veces confundo los nombres de las chicas
negras por más que se sienten en extremos opuestos
de la sala. Cada vez que esto sucede pido disculpas e
intento buscar explicaciones para esa forma de racismo
que escapa a mi voluntad. Encuentro un estudio que no
me alivia porque es uno elaborado por científicos blancos, posiblemente buscando justificar sus limitaciones.
Estos científicos declaran que esta «dificultad» mía y de
muchos no se debe, no necesariamente, a un racismo
aprendido sino a una característica cognitiva del cerebro que dificulta la discriminación de rostros diferentes al nuestro, rostros que no son los familiares, rostros
ajenos con los que nos topamos a lo largo de nuestras
vidas. El estudio insiste en que el verdadero racismo es
cultural: consiste en asumir, al ver a dos personas negras como idénticas entre sí, que el comportamiento de
una corresponde al comportamiento de todo un grupo históricamente estigmatizado. Como si una alumna asiática silenciosa las hiciera a todas silentes, a todas
desinteresadas o distraídas en clase; como si la oscuridad
de la piel de unas las volviera oscuras de alma. Eso es
lo que «el Oeste le hace al Este», apunta en un ensayo
viajero la aguda Jessa Crispin; eso es lo que les hacemos,
«imaginar que los impulsos oscuros (...) vienen con piel
y pelo oscuros». Pero si eso lo hacemos nosotros por

deficiencia, en lo cognitivo y en lo cultural, cómo se explica que la tecnología del reconocimiento sea incapaz de distinguir a una mujer negra de otra, a una mujer negra de un hombre negro, a un hombre negro de barba de otro. A un muchacho encapuchado de otro, si es un muchacho negro. Y la respuesta es que son hombres blancos quienes programan el software a su imagen y semejanza.

prueba genética

Espero un par de horas antes de llamar a mi hombre en Berlín. No lo quiero despertar, obligarlo a incorporarse en la cama, buscar los anteojos y ponérselos torpemente sobre el puente de la nariz. No es urgente contarle, por más que yo necesite hacerlo de inmediato, antes de bajar al desayuno *ramallawí*, lo que estuve leyendo anoche. Escucho que bosteza al otro lado de la línea, que baja el volumen de las noticias españolas o neoyorquinas o chilenas que acompañan su solitario café berlinés. Debo estarlo interrumpiendo pero no se lo pregunto, quiero mencionarle, a él que estuvo casado en su otra vida con una intelectual judía, que a pesar de lo que dicta la *Torah* hay quienes quieren certificar su judaísmo en base a su material genético. Escucho que carraspea, pero yo sigo diciéndole que no son pocos los judíos buscando certificar hoy su etnicidad. ¿Mmmm?, oigo que musita en el teléfono. Sí, insisto, míralo en *The Guardian*. Un tipo llamado Oscar Schwartz escribe contando que sus padres enviaron una muestra de saliva a uno de esos laboratorios que se dedican a descifrar los orígenes genéticos. A vuelta de correo recibieron una carta que certificaba que ambos eran «100% asquenazí». ¿Cien por cien?, oigo, ¿no era que todos veníamos de África? O de China, agrego yo, haciéndome la experta en una materia intrincadísima. Pero lo judío tiene que ver con una identidad religiosa o cultural, qué tiene que ver la sangre. Eso es justo lo que argumentaban los nazis, que los judíos eran una raza. Eso mismo, continúo yo, pero según Schwartz sus ancestros rara vez se mezclaban con otras comunidades y así fueron acotando la diversidad de su material genético. El mismo Schwartz comenta la paradoja de que los judíos fueron violentados por su supuesta diferencia racial. Si de niño Schwartz sugería en su casa que alguien parecía judío su abuela contestaba con sarcasmo: *Oh really? And what exactly does a Jew look like?* Y la abuela era más astuta que el nieto, y tenía no poca razón, porque los judíos, como también los musulmanes, los cristianos, los protestantes, budistas e hinduistas, vienen en todas las tallas, formas y colores. Pero lo que la abuela no dice es que la prueba genética contraviene lo que hasta ahora era visto como la esencia de la identidad judía: que a toda persona aceptada como judía por la propia comunidad judía no le puede ser arrebatada su identidad. El principio dicta que los determinantes identitarios más importantes son sociales, no biológicos.

tribus perdidas

Se puede reconocer al otro como propio pero de la misma manera se lo puede reconocer como impropio, ajeno, inaceptable. La prueba genética está dando ambos resultados y se está realizando con el ánimo de descalificar y discriminar a quienes pretendiendo o creyendo ser judíos descubren que no lo son. Las autoridades rabínicas han empezado a exigir, en Israel, confirmaciones genéticas antes de otorgar algunos permisos de matrimonio que en la nación judía es un rito religioso, no civil. Porque mientras muchos israelíes pueden probar que la madre es judía con un certificado de nacimiento o de conversión por matrimonio, para muchos inmigrantes recientes que debieron esconder su judaísmo para sobrevivir o en cuyos países la documentación escasea, esto es más difícil, cuando no imposible. Es el caso de un millón de judíos que huyeron de las exrepúblicas soviéticas hace tres décadas porque eran judíos y que en la patria judía son puestos bajo sospecha por no poder comprobar que lo son. Aún peor lo tienen quienes aseguran ser judíos de una de las doce tribus de Israel, la tribu perdida y desparramada por la geografía africana. A ellos se denigra con el mote de *falashas* o *apátridas*, en lengua amhárica. Son judíos negros que presentan un dilema racial a un judaísmo marcado por un origen más europeo que africano, el de los asquenazí y, en cierta medida, el de los sefaradíes. Estos primos exetíopes o exsudaneses o exafricanos rescatados por Israel y devueltos al judaísmo en una reconversión *exprés*, estos judíos nada parecidos a los judíos expolacos exalemanes exgalos exs de tantos otros países europeos o de la ex Unión Soviética, todos judíos pálidos, son resistidos por los israelíes más dogmáticos que los desprecian pero necesitan: los judíos negros realizan el trabajo que antes realizaban los palestinos.

más o menos

¿Qué harán los rabinos cuando encuentren que, por algún desliz amatorio del pasado, por algún asalto sexual no reseñado por la historia, hay musulmanes que descienden genéticamente de judíos o judíos con genes palestinos? Ghayath Almadhoun, poeta gazatí sirio sueco, me asegura que él es más judío en sus genes que muchos de sus amigos judíos. Eso me dirá cuando nos conozcamos en una terraza de Berlín. Su mujer, iraquí sueca y traductora, me guiñará enigmáticamente mientras él recite su sangre como si su composición estuviera escrita en verso: De los genes / 50,4 % son de Medio Oriente / 15,5 % es la suma de judíos sefarditas y asquenazí / hay también un 10,7 % sardo / un 9,9 % norafricano / un 7,9 % surasiático / un 3,1 % ibérico / una pizca de otros lados. // El árabe gana en porcentaje pero en segundo lugar quedan sus ancestros judíos. El conteo me asombrará, me asustará, me hará dudar sin reserva, y sin saber qué decir les guiñaré a ambos. La posibilidad de un musulmán más judío que otros judíos amigos suyos, cuyos genes judaicos suman un porcentaje menor, me resulta inesperada y subversiva.

conde rosenberg

¿Eres judía? Estábamos esperando el turno de lectura donde la traductora Andrea Rosenberg leería en inglés su versión todavía inédita, y yo, en castellano, fragmentos de mi saga palestina. Andrea suspiró y sonrió sonrojándose un poco, sin darme ni un sí ni un no. Me dijo que cuando era niña la gente siempre lo asumía. Los vecinos del barrio. Las madres que la contrataban como *baby-sitter* de sus hijos. Los compañeros en la escuela. Suponían que ella debía ser judía y le preguntaban si lo era, y ella decía que no llenándose de perplejidad, la misma que sentía su hermana y, a la misma edad de ella, su padre y su tía. Me dijo que esa tía le había preguntado a su padre, el abuelo Rosenberg de Andrea Rosenberg, y este había respondido que en la Centroeuropa de donde provenían había habido muchos judíos forzados a tomar otro nombre y que un conde alemán-no-judío de apellido Rosenberg les había ofrecido el suyo: por eso había tantos judíos llamados Rosenberg. Pero el abuelo le había aclarado a la hija, la tía Rosenberg de Andrea Rosenberg, que ellos descendían directamente de ese generoso conde alemán. Y eso era todo, pero era difícil de creerse todo eso y era incluso necesario ponerlo en duda porque no era cierto. Era el cuento que se había inventado el abuelo Rosenberg, ese abuelo descendiente de un judío-laico-comunista, ese abuelo criado y discriminado en Kentucky, ese abuelo que se casó con la abuela medio-escocesa, el que crió a su familia en la religión presbiteriana. Andrea me había dicho que ella vivió creyendo que era alemana y cristiana cuando en realidad era un octavo-lituana-judía y un poco inglesa-escocesa y otro poco irlandesa-francesa-finlandesa-holandesa e incluso algo indígenaamericana, porque en mi pasado, dijo Andrea, hubo un trampero francés que se casó con una Pawnee. Y un toque africana occidental, *but that's a long story*, resumió en inglés sin dar más explicaciones. Mientras me relataba su mezclada historia yo había escrutado su rostro sin reconocer ninguno de esos pedazos debajo de su pelo castaño y completamente liso. Y había pensado que en porcentajes tenía más genes judíos que de ninguna otra etnia. ¿Y te volviste judía? Tal vez no hubiera debido pero no pude evitar la pregunta, yo, que hacía apenas unos años me había vuelto palestina. Andrea negó con la cabeza. Ella no había llegado a sentirse judía por más que exploró el asunto con la hermana que había iniciado la investigación genealógica y la lectura de los antiguos censos centroeuropeos, la que había confirmado las sospechas del judaísmo familiar. Andrea acompañó a esa hermana en los ritos e intentó acompañarla en el sentimiento pero no logró revertir el olvido: *I was never able to embrace it*, es la frase que usó para decírmelo. Y luego lentamente agregó que para ella la identidad siempre había sido personal e individual, más sobre mí misma y mi particular relación con el mundo que sobre mi pertenencia a una familia o a una comunidad. *Even though I visited Germany with the family fakery fully intact, I didn't feel like I was visiting a homeland of any kind.* Y tampoco había sentido la necesidad de visitar Israel, por más que le gustara tanto viajar, por más que aquel fuera un viaje ofrecido de manera gratuita. O acaso porque era gratuito, porque nunca nada es gratis y un regalo puede ser un compromiso. Sabiéndose judía de ese modo, contradiciendo los dogmas sionistas del judaísmo, Andrea se había ofrecido a traducir mi crónica palestina con la generosidad de una condesa Rosenberg.

impureza

What does it mean to be genetically Jewish? Can you prove religious identity scientifically?, se pregunta Oscar Schwartz. ¿Cuánto material genético es necesario para probar el judaísmo o la musulmanidad? ¿Basta o sobra el 51%? ¿Y cuán precisa es la ciencia que determina estos porcentajes? ¿Son confiables los datos arrojados por cromosomas? Rara vez, señalan algunos expertos rebatiendo a otros. La evidencia dista de ser concluyente, insisten los que desconfían pero no falta quien aprovecha una fe, la científica, por sobre la religiosa, para darle validez al argumento etno-nacionalista. Pero Israel, que alberga un 20 por ciento de ciudadanos árabes, ha sido declarado un Estado «exclusivamente» judío y es posible que pronto todo solicitante a la ciudadanía israelí deba rendir una prueba genética y esperar confirmación científica de su pureza. Aterradora aspiración la de la pureza, murmuro mirándome en el espejo de cuerpo entero mientras me preparo para salir al aeropuerto de regreso a Berlín.

número de la sospecha

La curadora palestina nos advierte que a la salida del país nos pondrán un adhesivo en el pasaporte y que hay que fijarse en el primer número de la cifra. El número 1 es para los judíos, el 6 es para los indeseables. Es probable que todos recibamos ese número y de hecho, al día siguiente de nuestros regresos a la ciudad de la que salimos llega un mensaje de la curadora que ha seguido viaje hacia la Corea sureña, preguntándonos cómo nos fue porque ella sacó el número mayor. *I got the special treatment with number 6 as a start for the code, anyone in my club?* Grecia es la primera en responder, *I got 6 too!* Tener, en su pasaporte griego, un timbre de la muy musulmana y balcánica República de Kosovo de inmediato la hizo sospechosa. «No hubo caso de que me creyeran que había estado ahí por una conferencia», escribió en su mail, «¡como si no hubiera universidades y académicos y conferencias en Kosovo!». A continuación entró un correo de Senegal-el-mediano reportándose por los dos. A ellos también les habían puesto un 6, los habían retenido, los habían interrogado, no encontrando nada sospechoso en sus maletas los habían acusado por portación de rostro. Y se traducía a sí mismo del francés senegalés o quizás del wólof ancestral para anotar en un inglés salpicado de erratas, «*like I said, nobody can stap the waves whit he's hand. FREEEEEEE PALESTINE. Miss everybody & love yaall.* A continuación escribí yo, alegrándome de ese 6 que todos habían recibido como reconocimiento de su palestinidad, y les conté que yo me quedé clavada en un *checkpoint* y me armé de espera y lentitud y viajes mentales a la luna pero perdí mi vuelo. En el apuro que pasé para conseguir otro pasaje, en la angustia de lo que ese pasaje de último minuto me iba a costar, había gastado demasiada adrenalina. Cuando por fin llegué a Seguridad y el agente quiso saber si había estado antes en Israel, en qué año, en qué mes, en qué ciudad, en la casa de quién, no logré recordar si había viajado en el 2011 o al año siguiente y el mes podía ser abril o acaso noviembre, ni si la palabra israelí para la ciudad era Yaffa o Jaffo. El agente insistió en saber por el nombre del amigo que me había alojado y yo me quedé en blanco. *I don't seem to remember the name of my friend*, dije bajando la voz, consternada por la certeza de que lo había olvidado porque nunca más nos habíamos visto. No habíamos vuelto a hablarnos. Su nombre había desaparecido con él. El agente me dejó pasar sin preguntar nada más. Y cuando pude volver a respirar y me atreví a mirar el número vi que a pesar de mis incongruencias o tal vez debido a ellas había recibido un 2: no digna de sospecha.

VI. انت من وين-وين

nombre impropio

Es mediodía, es febrero. Son edificios y autopistas y arenales egipcios lo que se despliega ante mí en la ventanilla. *Welcome to Cairo,* me recuerda una voz que se traduce al árabe mientras yo me quito los audífonos y me levanto de mi asiento. En la puerta del avión un hombre de traje negro, chaleco azul y corbata gris me llama por mi nombre. Soy yo, respondo en castellano pero al instante me corrijo, *I am Lina,* sintiendo extrañeza ante ese Lina que heredé de mi madre y de mi abuela. Haber crecido entre Linas hizo de mi nombre un sustantivo menos propio. Mi nombre nunca me identificó como una sola. Si mi padre decía Lina, éramos tres las que volteábamos la cabeza y respondíamos en simultáneo desde distintos puntos de la casa. Nunca un yo en solitario, siempre un yo triplicado, un *we.* Pero mi abuela ya no vive y mi madre está muy lejos y el elegante egipcio que me nombra solo me extiende su mano formal a mí. *Nice to meet you, miss Lina,* dice acomodando una sonrisa en la rigidez de su rostro mientras su mano tacha la Lina escrita en su hoja de papel, haciéndonos desaparecer por completo. Sigo a este hombre desconocido pensando que debe ser el que me avisaron vendría a recogerme. «*Someone will meet you at the airport*», decía el correo que recibí antes de dejar Berlín, y añadía, «*and a taxi driver, Ahmed*».

Y yo había imaginado que encontraría a Ahmed una vez afuera, no en la puerta misma del avión. Pero así debe ser el protocolo aquí: el taxista entra a buscar a su pasajera, el taxista arrastra su maleta por la manga. El taxista... Demoro en entender que este no es Ahmed, el taxista, sino Ibrahim. ¿Ibrahim, el qué? El que le entrega mis documentos a otro egipcio vestido de traje y corbata. El que le explica a su colega que vengo a dar un par de conferencias en la Universidad Americana de El Cairo. El que dice en árabe que soy de Chile, y sé que lo dice porque Chile es una palabra que entiendo en cualquier lengua. El colega de Ibrahim es más joven aunque más encorvado, y está comprobando por teléfono que los chilenos no necesitamos visa. Eso no sé cómo lo deduzco (y quizás esté verificando que yo no esté en alguna lista negra) pero ya resuelta la gestión el colega-del-teléfono le devuelve mi pasaporte a Ibrahim, que está ahí, ahora lo comprendo, para hacerme de salvo-conducto en un aeropuerto bajo dictadura como todo el resto del país. No sé si estoy en buenas manos o en malas manos o si aquí las malas manos son más seguras que las buenas, pero mi equipaje se hace esperar. La cortesía me obliga a hacer conversación y le pregunto algo que me importa más que el clima: si los cairotas hablan inglés o si al menos lo entienden, si en la calle, si los taxistas. *Yes...!*, responde Ibrahim poniendo cara de desconcierto, *of course everybody here speaks English*, muy serio, tal vez molesto, tal vez ofendido. *We used to be a British colony, you know?*, mueve la cabeza en un gesto ambiguo, y sí, sí, eso sí lo sé, los británicos fueron dueños de todo esto y mucho más. Yo también padecí una *british education* pero el inglés en mí es siempre una vacilación. Y porque estudié la historia de esas colonias sé que Egipto no es la India con sus múltiples lenguas oficiales, sumadas al inglés. La lengua aquí es solo el árabe estándar o su forma egipcia, el *masri*. Ibrahim debe haberme visto en la cara que no lo estoy escuchando y agrega, llamando mi atención con su vehemencia, *We still learn English at school.* Ah, digo yo, menos mal, y lo digo en castellano sin mirar sus ojos iracundos, menos mal. Si pasa cualquier cosa, usaré mi rostro en defensa propia o me defenderé en la lengua colonial.

retratos examinados

En la sala de equipaje nos acompañan enormes retratos de personajes célebres, y es con ellos que Ibrahim inicia su examen, dispuesto a vengarse de la profesora que puso en duda el inglés de los egipcios. *What are you doing here?*, pregunta, y por si acaso, porque me he puesto paranoica, no digo que vine a hablar sobre mi libro palestino en un congreso de literaturas migrantes, no digo que soy medio palestina. Le miento descaradamente diciendo que he venido a dar una serie de conferencias sobre la literatura árabe de la diáspora. La literatura del *mahyar*, digo, improvisando en la pronunciación. Y lo digo creyendo que con esto se acabarán las preguntas, porque cada vez que invoco la palabra literatura la gente cambia de tema: leen poco o leen nada o no tienen nada que decir al respecto. *Ah*, responde Ibrahim inflando el pecho e ignorando que la diáspora árabe casi no escribió en árabe, exclama, *Arabic literature is good!* Claro, digo yo asintiendo y sonriendo mientras él levanta sus ojos y su dedo hacia el retrato de alguien que debe ser un consagrado escritor egipcio. *Do you know who that is?* Y pienso que esa cara entre tantas otras caras podría pertenecerle a Naguib Mahfuz porque, en efecto, esa cara inmutable de ojos algo achinados, defendidos por anteojos, es suya. Mahfuz. ¡Correcto! ¿Y sabe quién es ese? Yo lo miro fijamente como si estuviera tratando de reconocerlo o de adivinar su nombre, pero no, no estoy intentando nada: sé que no he visto nunca a este señor de gruesos bigotes ni a ninguno de los otros que sonríen con dureza, que nos miran sin vernos, con y sin anteojos, con las cabezas encajadas o no en un coqueto *tarboush* de fieltro. Todos esos escritores muertos pero eternizados en los retratos que posan desde arriba para impresionarnos a nosotros, los extranjeros preocupados de cuestiones tan prosaicas —maletas, libras egipcias, tarjetas telefónicas y el idioma de la ciudad— sin detenernos a admirar a esos domadores del árabe. ¿Y ese, el de la boina negra? *You don't know?* Me lo pregunta con la misma impaciencia con que responde. ¡Tawfiq Al-Hakim! ¿Y el de anteojos negros? Cómo puede ser que yo no conozca ni haya oído nombrar al conquistador de la oscuridad. *Our only blind writer, you don't know him?*, conteniendo su frustración, su orgullo de vidente, su respeto por la ceguera ilustrada del llamado *Qāhir al-Zalām*. Pero yo aún no sé, por más que debiera saberlo, que Tāhā Husayn es el Borges egipcio. El gran escritor e intelectual (ciego) de la lengua árabe que fue profesor y decano de la Facultad de Letras de la Universidad de El Cairo donde yo daré la tercera de mis conferencias palestinas. Es estrepitoso mi fracaso como reconocedora facial del *establishment* literario egipcio y, dando el tortuoso examen por reprobado, y porque su dedo sádico apunta hacia otro retrato, me atrevo a interrumpirlo. *Would you mind if I take a picture of you?* Porque no pretendo memorizar el rostro de estos escritores pero sí querría poder recordar la incómoda cara de Ibrahim, poder volver a su airada expresión, a este momento. *Only one picture,* y arrugo las cejas a modo de súplica. Ibrahim no asiente pero accede y yo, más que fotografiarlo, lo escaneo con una aplicación de mi teléfono. *Done!,* digo y pienso, *locked up in my phone for future reference,* con todos esos señores acicalados detrás suyo y coloridas pirámides impresas en papel.

empacharse

Pronunciado en mi lengua su nombre era Tahía pero en la suya es Taheya, y no solo desciende de la estirpe panarabista, independentista, socialista de los Abdel Nasser sino que es la profesora que leyó mi libro palestino y me invitó a dar dos charlas a su universidad. Y es ella quien ofrece recogerme ese primer día que afortunadamente es libre, para almorzar. Pero viene de muy lejos y la congestión vehicular en el centro del Cairo es tan temible como en Chile y le digo que ni intente pasar a recogerme: caminar no solo será más rápido sino que me permitirá comerme sin culpa todos los *mazza* que Taheya va a ordenar para mí, ondeando su largo cabello castaño. Caminar y comer, pienso subestimando su hospitalidad: ni habiendo corrido por horas junto al Nilo podré compensar todo ese suntuoso almuerzo en el restaurante Al Pachá. De ahí debe venir aquello que dice mi madre cuando se empacha, comí como un pachá. Me da hambre imaginarme en ese empacho egipcio pero ni siquiera he salido del hotel todavía. ¿No te perderás, cierto?, tantea Taheya por teléfono en su impecable acento británico. No te preocupes, sabré llegar, tengo el río de coordenada, y si me pierdo puedo preguntar porque en las calles del Cairo todo el mundo habla inglés. Caminar, digo bajo el sol, y doy treinta pasos rápidos o cien pasos cortos y ya llego al restorán sobre la orilla de ese Nilo largo, ancho y quieto que serpentea hasta el Mediterráneo. Al fondo, altos edificios. Decido aventurarme y cruzar hacia la otra orilla. Voy avanzando. Voy atravesando un paradero de bus por los costados abiertos en la forma de una *mihrab* que no es para permitir el paso sino para orientar la mirada hacia la Meca y recordarles a los peatones las cinco oraciones que exige el día. Voy dejando atrás los dos obeliscos con los leones de bronce que vigilan el puente Qusr El Nil hacia la plaza Tahrir donde hace unos años ardió y se calcinó la primavera revolucionaria. Y observo el museo de antigüedades al fondo de una ancha avenida pero me va a faltar tiempo para llegar: apuro el paso junto a los leones y agradezco que esté el río para orientarme porque no hay nadie por las veredas, apenas algunos tipos merodeando solos por el borde del agua, tipos que me susurran palabras en árabe, tipos a los que no me acercaría a preguntar nada, en ninguna lengua.

máscaras antiguas

Los tesoros del Museo Egipcio están alojados en un deteriorado palacio vuelto gigantesco depósito de objetos arrumbados en cientos de salas y salitas y pasillos. Cada artefacto está marcado con números árabes que no se siguen entre sí, como si entre uno y otro objeto hubiera unos cuantos saqueados o extraviados o prestados o regalados incluso con permiso de los líderes locales: hay millones de piezas históricas en la *sizeable collection* del British Museum, hay sarcófagos y momias hasta de gatos sagrados en el Louvre, tesoros «bajo la tutela» de museos en Moscú Múnich Berlín Viena Bruselas Budapest Leiden Ámsterdam Atenas Turín y por supuesto en el Vaticano y en Jerusalén, y más allá de los océanos, en museos de Nueva York Pensilvania Boston Chicago Ann Arbor. La ciencia de la exploración no fue sino de extracción y tráfico arqueológico, de pillaje y manos excavadoras: la disciplina del hurto a barcos llenos. Aquí, en este museo cairota que está por venirse abajo a pedazos, hay partes protegidas con sábanas de plástico ante la posibilidad de una tormenta sobre un techo craquelado. Se puso viejo y quedó demasiado pequeño, ha dicho Taheya durante nuestro almuerzo sobre el Nilo, y por eso están construyendo otro museo que será «el más grande del mundo».Yo que prefiero lo pequeño y lo menos costoso me paseo ahora por las salas celebrando que los sarcófagos estén montados uno encima del otro sobre estanterías, como si el museo fuera un hostal y ellos, los sarcófagos, jóvenes viajeros descansando en camarotes con los ojos muy maquillados y abiertos, los brazos cruzados por encima del pecho. Y aunque solía decirse que las máscaras antiguas revelaban más que ocultar a quienes las portaban, pensé, mirando esos bellísimos ataúdes, que tal vez no hacían ni lo uno ni lo otro sino todo lo contrario: ilustraban el impulso estético de quien los pintó.

cara y contraseña

Porque Rasha leyó y escribió una ponencia palestina, porque leyó su *paper* en un congreso marroquí, porque alguien me mandó el programa desde Chile, es que ella y yo estamos en contacto desde hace algunos años. Nunca nos hemos visto y aquí llega ella, toda labios maquillados, dientes alineados, toda ojos negros y cabeza envuelta en un turbante verde esmeralda o azul intenso, o morado obispo a juego con su ropa occidental. Rasha saca la cabeza por la ventana de su auto para saludarme y anunciar que ha venido con su hermano menor. Khaled está sentado atrás. Se llama Khaled, dice Rasha pero atención a la pronunciación, dice, mientras me da dos besos, uno a cada lado de la cara. La doctora Rasha me explica que el inicio del nombre Khaled suena a jota en castellano y a ka-hache en inglés, que es la transliteración dominante. Y que esto me debe importar porque esa letra o fonema está por todas partes en el árabe. Y tú ya debieras conocer esta lengua, dice en un castellano aprendido en España que ahora enseña en la universidad, o cuánto más vas a esperar. Y yo no sé cómo contestarle porque después de meses apenas balbuceo el alemán y ponerme otra lengua encima me resulta impensable. Ya hablaremos de eso, dice Rasha, haciendo partir el motor y volviendo a su hermano me dice que no tiene con quien dejarlo y que a él nada le gusta más que salir de paseo por la ciudad. Adora salir, dice Rasha. Me asomo al asiento de atrás para saludar a ese hermanito que es un niño en talla grande y a la vez un hombre de gruesos anteojos de marco negro. *Salaam*, Khaled, susurro dudando de la jota con hache, y debo haberlo pronunciado mal porque él no me mira, no da la impresión de haberme oído. ¿Es huraño o es tímido? Es especial, replica Rasha, aunque mirándolo de perfil no comprendo en qué consiste su especialidad. Cuando se baje del auto veré que arrastra un poco los pies, entonces Rasha me explicará que aunque su hermano tiene un cuerpo de treinta y siete se ve de veintitantos y lleva en el interior a un niño de doce. Es un hombre con pañales que no pudo estudiar, que no puede salir solo, que casi no puede quedarse solo. Pero Rasha no se apena: en el mundo islámico la deficiencia física o síquica es una señal divina y Khaled, *el eterno*, es asimismo *el señalado* o *el elegido* por Alá. Los guardias musulmanes lo adoran, lo consienten, con ellos Khaled no es huraño: les habla, los hace reír, uno de ellos le besa la frente y nos deja pasar sin presentar identificación: su rostro es nuestra contraseña. Y porque vamos con Khaled nos abrirán las puertas de una casa medieval en plena noche, cuando ya el horario de visitas haya concluido. Y es por este niño-hombre-ábrete-sésamo que nos sirven comida en el último piso del Hotel Al Hussein desde donde se ve entera (a «vista de pájaro», dice Rasha, no «a vuelo») la plaza llena de palomas y la mezquita y el barrio llamado como el nieto del profeta. Ya pasó la hora del almuerzo pero nos ofrecen, entre lo que queda, la comida vegetariana que Khaled exige. Falafel a-la-egipcia que en vez de garbanzo está hecho de habas y cilantro. Ensalada verde y *tahine* y pan pita. Dos palomas rellenas, especialidad cairota. Y un guiso de verduras con carne que Rasha le pone por delante a Khaled. Espera, digo, ¿no es vegetariano? Calla, calla, menos mal no entiende castellano. Rasha exagera la sonrisa y le limpia las migas de la boca. Me confidencia en voz alta que si la carne está molida o mezclada con otras cosas, él no se da cuenta y ella lo empuja a comer, preocupada de que su niño-grande se desnutra. Si fuera por él, susurra ella con cautela, como si él, de pronto, pudiera entendernos, si fuera por él comería solo pan y tres verduras: tomates, patatas, berenjenas. Escaneo la comida para no olvidarla y quiero escanearlos a ellos con mi cámara, para hacer míos sus rostros. Khaled gruñe receloso, me rehúye como si yo fuera a arrebatarle el poder especial que su rostro porta. Ella me mira de frente, pasándole un brazo sobre el hombro y susurrándole, Khaled, Khaled, para que pose con ella pero él me niega sus ojos negros.

ser especial

«Yo tengo los ojos de mi madre pero la nariz y la boca son de mi padre. Mi hermanito no se asemeja a ninguno, ¿te acuerdas de lo que te dije?», escribiría Rasha en un correo algunos meses más tarde para aclararme a quién de sus padres muertos se asemejan ellos dos. Porque ellos no se parecen entre sí. «Khaled es un hijo que Dios nos ha regalado. Por eso todo el mundo le trata con respeto, creen que es un ser muy querido por el Creador».

rostro en la vereda

Y nos quitamos los zapatos para entrar en mezquitas alfombradas y nos los volvemos a quitar a las puertas de una madrasa y es tan seguido el sacarnos los zapatos que dejo los cordones a medio atar hasta que Rasha anuncia que es hora de su *shisha*. Bendigo la hora del *narguile*, que es la hora de amarrarme firmemente las zapatillas y de encaminarnos hacia un café dentro del viejo bazar Khan el Khalili. Rasha se detiene por el camino de estrechas calles empedradas porque nos encontramos con una cara conocida. Es Gamal Abdel Nasser, señala Rasha por si no he reconocido al líder socialista abuelo de Taheya, presidente para unos, dictador para otros, aunque tanto admiradores como detractores le reconocen el haberle arrebatado el canal de Suez a los británicos. Es Gamal con su alta gorra militar y sus ojos melancólicos y su bigotito negro apostado sobre unos escalones en la vereda, apoyado contra unas bandejas de plata repujada, arrinconado bajo un conjunto de lámparas de bronce forjado, cincelado, dibujado de agujeros por donde se cuela la luz. Me arrodillo ante él para saludarlo cara a cara y robarle una foto a su rostro en blanco y negro que alguien, alguna vez, tuvo colgado en su sala y que ahora alguien más vende como una reliquia.

espantárabes

Se me ha vuelto costumbre cubrirme la cabeza en los países musulmanes, y de paso protegerme de vendedores políglotas. Este disfraz espanta-árabes se me ocurrió hace más de veinte años en la ciudad de Fez, donde cambié mis jeans por una solera hasta los tobillos y comprendí que con un pañuelo podía internarme sola por el zoco donde me hablaban en árabe. Yo bajaba la cabeza como musulmana discreta y sonreía liberada del acoso: seguía de largo o me detenía a mirarlo todo sin preguntar los precios de los objetos evitando ser descubierta. Paseando ahora por el bazar vaciado de turistas desde el golpe de Estado en el que Abdel Fatah El Sisi derrocó al democráticamente elegido Mohamed Morsi, de la Hermandad Musulmana, me anudo alrededor de la cabeza el pañuelo palestino que compré hace años en Jerusalén. Ese pañuelo me imprime el *look* árabe que disuelve por unas horas mi absoluta ajenidad: así vestida o disfrazada me siento en El Fishawy donde Naguib Mahfuz compuso su trilogía de novelas cairota y me tomo un expreso a la salud de Ibrahim. Y esperando a Rasha, que ha ido al baño con Khaled para ayudarlo a cambiarse los pañales, pago la cuenta y me meto en una tienda de artesanía en bronce y aluminio y finas maderas que antes llamábamos exóticas. Se acerca el vendedor y educadamente me lanza un párrafo en árabe, pero yo no bajo la cabeza sino que la levanto y me quito el pañuelo diciéndole en castellano que lamento haberlo confundido, no hablo árabe, digo en castellano y luego en inglés. *Ah*, dice, *you are not from here! You are from… Spanish?*

el árabe mediador

Xadi me había escrito hacía años, cuando todavía transliteraba su nombre a la usanza inglesa y era Shadi; había leído la crónica de mi excurso palestino que no era ni retorno ni regreso pero tampoco era viaje. Quería traducir ese libro del castellano al árabe. «¿Al árabe palestino?», pregunté conmovida por la idea de ser leída en la lengua que perdí antes de aprenderla. A ese árabe, aunque no del modo en que yo lo estaba imaginando, porque en la escritura literaria y en la prensa el árabe no estaba localizado por una jerga ni palestina ni de ningún lugar: el árabe seguía el registro estándar en la interacción formal, donde variaba era en las redes, en las calles. Además, dijo en un castellano culto pero ahora imbuido de un sonsonete chilango, en un mensaje grabado en el teléfono, no se trata de países con acentos particulares, me explicó Xadi, que además de traductor enseñaba lengua árabe a los universitarios del Colegio de México; los países no tienen coherencia ni continuidad acentual porque, como sabes, fueron recortados con líneas rectas que no respetaban la repartición sinuosa de las culturas... Cuando se dice «árabe egipcio» en realidad se está hablando del árabe del Cairo, dijo, su voz entreverada por un anuncio del metro. Y en Palestina también hay variaciones: en Haifa, que es mi ciudad, se usa el acento del norte, de Galilea hasta Beirut, y es distinto al de Jerusalén, Hebrón, Belén y Ammán, en Jordania. Entonces yo respondo con otro mensaje de audio y le pregunto si argelinos y palestinos podrían entenderse si se encontraran en una esquina del mundo, fuera de Palestina donde sé que nunca podrían encontrarse; si tendrían que sacar sus teléfonos e intercambiar mensajes por escrito para entenderse. En el siguiente mensaje escucho la risa de Xadi, y lo escucho decir que no es así como me lo imagino, porque cuando gente de distintas variantes del árabe se encuentra se muda a un tipo de árabe que Xadi llama alternativamente árabe «mediador» o «blanco» que yo imagino neutro. Es, dice, un árabe parecido al literario pero sin el cultismo del árabe literario y a la vez sin las jergas de cada región Una suerte de *lingua franca*, dice, aunque una que tampoco dominan todos los hablantes del árabe. Complicado, escribo en la pantalla sin saber qué más decir. Y también él respondió por escrito y sin erratas: No es como en el castellano donde, aunque haya variaciones acentuales y diferentes palabras para nombrar las mismas cosas, todos se entienden. Cualquiera sabe qué es la chingada o el te tinca chileno, dice él aunque yo no estoy de acuerdo porque yo vivo traduciéndome. Pero descuida que nos entendemos, dijo, todos los árabes podemos, en teoría, leernos.

visado para palestinos

Ese mismo Xadi, ese treintañero de ojos inmensamente azules que conocería tiempo después en un café de Coyoacán, ya está traduciendo mi libro palestino cuando surge la invitación para venir a Egipto. Una invitación que, si él quiere, si puede, si le otorgan un visado, también sería para él. Como mi traductor y como especialista en los tránsitos de la lengua, está invitado a dar una charla sobre sobre la presencia del árabe en la obra de Cervantes y Xadi se dispone a referirse a la parodia que el novelista más importante de la lengua castellana hace de un Quijote que posa de entendido cuando le enseña a Sancho que todas las palabras que empiezan en *al* y acaban acentuadas en la *i* provienen del árabe. Xadi se ríe con Cervantes del iluso Quijote que come convencido de que su *al*muerzo es árabe cuando no es más que una pobre comida castiza. Pero Xadi no se ríe cuando le toca solicitar visa a la embajada de El Sisi, y no se sonríe porque el visado se demora, el visado se detiene, el visado se pierde en alguna oficina mexicana o egipcia o quién sabe dónde. Él sabe que su desplazamiento está entorpecido por ser palestino, que lo mismo da que se trate de un palestino de los territorios ocupados en 1967 o de un palestino del Interior, que es como tantos palestinos llaman el territorio israelí. Poco importa que él tenga una carta de invitación formal de la Universidad Americana de El Cairo. Xadi parece armado de una paciencia prodigiosa para estas esperas, y espera y espera, y yo espero esperanzada con él porque los días pasan y las semanas pasan y el vuelo se encarece a medida que se acerca la fecha de su conferencia y la mía. Su visado no llega. Ni siquiera llega un aviso de que nunca llegará.

visé, visaje, videre

Visa proviene del francés *visé*, pero antes viene del latín, *carta visa*, papel o escrito aprobado tras ser visto o verificado como lo señala el verbo *videre*. Vidente. Visionario. Visión. Visual. Vista. Visita. Avisar. Avizor. Evidencia. Providencia. Clarividencia. Improvisación. Supervisión. Supervisar. Visar: otorgar una visa o no dependiendo del rostro visto. Porque el *visage* francés confabula contra quien pide el visado: nombra el rostro o su aspecto o, en alguna deriva etimológica, la máscara que lo cubre, la sospecha que lo acompaña, el encubierto gesto anómalo, su torcida intención.

el rostro ajeno

La noche antes de la charla seguida de la lectura a la que Xadi no se presentará, esa noche oscura y nerviosa en la que practico mis palabras en inglés, esa noche me surge un dolor agudo en el párpado derecho. Me miro al espejo y noto una ligera inflamación que podría o no ser un orzuelo. Y porque además siento la cabeza ligera y el rostro caliente y las manos y los pies muy fríos me meto a la cama y me duermo y me despierto a la mañana siguiente y sé que el párpado ha crecido: casi no lo puedo abrir. No solo está grueso el párpado, no solo ha engordado mi nariz, están tan hinchados mis labios que casi no puedo separarlos. Y tengo la comisura en carne viva, como si durante la noche otra boca maquillada me hubiera besado o me hubiera desgarrado la piel. «Debe ser un herpes», escribe mi madre desde Santiago cuando le mando una *selfie* del monstruo. Un herpes, pienso, nunca tuve un herpes, de dónde lo saqué. «¿Te duele algo más?», sigue mi madre impertérrita haciéndome el diagnóstico telefónico. Me arde tanto el interior de la boca que no puedo tragar ni mi propia saliva. Y es extraño: llevo tanto tiempo pensando el rostro y ahora no puedo más con el mío. Y pienso que he sido atacada por una plaga egipcia que nadie nunca describió en el Antiguo Testamento de la Biblia ni en el Pentateuco de la Torá, aunque en esos libros hay confusión y contradicción y sobre todo multiplicación. De las dos plagas enviadas por Dios para colaborar con la huida del pueblo judío, liderada por Moisés, una convierte en sangre las aguas del Nilo y otra da muerte a los primogénitos; a esas plagas se van sumando otras hasta sumar siete plagas, ocho plagas, nueve y diez plagas que permiten por fin que los israelitas puedan huir con su libertador. Mi plaga no está entre las ranas, piojos, moscas y langostas que invaden Egipto, aunque sí se corresponda a la horrible plaga de las úlceras que acaso fueran lo que hoy llamamos virus. No lo sé. No me importa. A la vergüenza de pasearme públicamente por las pirámides a donde Taheya y su marido van a llevarme esta mañana se sumará la vergüenza de hablar públicamente con gente que se supone importa impresionar. «No sé qué hacer.» Mi madre responde enviándome una foto de ese ya antiguo viaje a Egipto en el que ella y mi padre se disfrazaron de árabes: él con un *kufiyya* arafático, mi madre tapada con un velo beduino que cubre de monedas doradas su frente y tan maquillados los ojos, que apenas la reconozco por las pupilas. «Si yo pudiera», escribe mi madre, «ahora que estoy vieja y fea, me taparía así para salir de la casa. Aprovecha tú que en esos lugares puedes, de taparte bien la cara».

la cara, después

Disimulo como puedo mi rostro asimétrico: mi ojo cerrado por el peso de la infección, mi comisura herida y encostrada, mi habla trastornada por la lengua ardiendo dentro de mi boca. Descubro que taparme es otro impedimento: cómo harán las mujeres para hacerse entender desde la burka, me pregunto; las he visto desayunando en el hotel, las he visto sin fijarme. Cómo harán para comer y para hacerse escuchar con el pañuelo de mordaza. Sé que el pañuelo es solo una tela fina por la que se cuela la voz y que yo estoy hablando por la herida: el pañuelo la roza y la hace peor. Me lo quito. Me sorprende que nadie parezca fijarse en mi rostro leproso. Me escuchan hablar sobre mis asuntos palestinos haciendo caso omiso de mis labios. Me hacen preguntas sin perder la paciencia ante mi exasperante lentitud al pronunciar. Me piden una entrevista para un programa de televisión. Me invitan a cenar y a pasear por siglos de arquitectura y por todas las religiones, y me llevan por un túnel claustrofóbico que asciende hacia el sofocante interior de una pirámide vacía; me sacan fotos con flash mientras yo intento ponerme de perfil, me obligan a los placeres culpables del turismo egipcio y yo me monto, descartando mi rostro, olvidada ya de mi rostro, sobre el camello Lufthansa de lomo alfombrado, cabeza llena de borlas y banderines, y me saco otra foto de frente porque hay que poder volver a mirarlo todo después, mirarse una a la cara descompuesta después, cuando ya nada de esto exista, no este camello ni su dueño, no estos cairotas dueños de estas pirámides, no mi cara ni yo misma, y reír por más que riendo se me partan los labios y me atraviese el rostro un dolor insoportable.

el desierto

Borges se había agachado junto a esa pirámide, había tomado un puñado de arena y la había dejado caer un poco más allá. «Estoy modificando el Sahara», había escrito. La vida de ese escritor argentino, acaso el más retratado del siglo, había sido modificada por la ceguera, pensé, pensando a continuación en el virus que continuaba modificando mis rasgos bajo el sol, haciendo peligrar la presencia de mis antepasados en mi rostro.

círculos concéntricos

Allá voy con mi pañuelito negro en la cartera, decidida a ignorar que mi rostro enfermo hablará por mí ante unas cámaras de estudio. La entrevista sobre la migración palestina no puede esperar, ya casi se acaba la estancia egipcia, y la periodista ha prometido mandarme en un taxi hacia mi última lectura en el sur del Cairo. Pronto descubriré que en Egipto la puntualidad no es británica sino chilena: la entrevista se atrasa media hora y el taxi se demora en recogerme porque está atrapado por el tráfico o por las calles rotas o por motivos que la periodista no me explica. Yo solo la veo gritarle al

teléfono y al taxista oculto al otro lado de la línea. Veo
que ella mira la hora y me pide disculpas porque no han
sido ni diez ni quince los minutos sino muchos más.
Viendo que se ha hecho tarde decido parar un auto en
plena calle. *Are you sure?*, dice ella, mirando la hora y
murmurando algo. *Yes, yes, don't worry*, la calle está llena
de taxis vacíos y no será tan complicado encontrar una
librería de barrio, ¿no?, porque además en El Cairo todos hablan inglés. Y ella se desentiende y yo me despido
y detengo un auto. *English?*, digo subiéndome y cerrando la puerta. *A little*, contesta el menudo conductor y
yo suspiro inmediatamente arrepentida y maldiciendo
porque aquí, como en todo el mundo, todos hablan
inglés hasta que no lo hablan. Pero Al Maadi es un conocido barrio residencial y la librería es conocida en
ese barrio. Eso me ha asegurado Karam, la dueña de la
librería, la dueña del sello que lleva el mismo nombre:
Al Kotob Khan. Y de Karam me fío porque es la editora
de una novela traducida por Xadi. Karam ya ha leído
unos pedazos árabes y otros pedazos ingleses de mi libro
palestino, los mismos pedazos que me ha invitado a leer
esta noche, si logro llegar. Pero claro que llegarás, ha
dicho Karam, y si no encontrara el lugar podría llamar-
la. Pero será mejor que no me pierda porque no tengo
conexión telefónica y el taxista no tiene teléfono. *We
ask*, me dice el chofer frenando encima de una luz roja,
no worry, agrega con optimismo, sus ojos claros en el
retrovisor. En cuanto acelera yo me entrego al gastado
respaldo del asiento y a la carretera que bordea el Nilo
como una serpiente de autos luminosos. Si la tarde había

sido, hasta ahora, un purgatorio sinuoso de luces, lo que se avecina es el descenso hacia uno de los círculos de mi propio infierno: dar vueltas hasta el mareo por una ciudad que desconozco. Vueltas y más vueltas. Avenidas y calles y pasajes sin salida por zonas más y más oscuras, por fachadas de casas donde no existe numeración. *Sir,* digo, tratando de no sonar asustada, *do you know where we are?* Pero el taxista no contesta, no sabe lo que digo o no sabe qué decir o no sabe que le estoy hablando a él. *Sir,* insisto, levantando mi miedo, *sir, sir,* apuntando hacia alguien en una esquina, alguien que acaso pueda ayudarnos a resolver el enigma de este barrio, *please, sir, stop, stop now!* Y el auto se detiene porque mi voz ya es un grito. Bajo la ventana y sin esconder mi rostro hinchado y herido, el monstruo de las siete lenguas que soy, lanzo una pregunta en inglés y balbuceo otra en un francés malaprendido y agrego palabras deshilachadas en un *bisschen* de alemán y de italiano, de portuñol, de castellano. La séptima lengua es el árabe pero mis abuelos no me mandan pistas de ese idioma extraviado y susurro un *habibi, please.* Y hay quien alza los hombros y después hay quien da indicaciones que llevan a la papelería o la lapicería o la cuadernería donde no se venden libros, porque libros no compra casi nadie aquí, casi nadie en ninguno de nuestros países donde leer es un lujo. Y el taxista vuelve a acercarse a alguien que tampoco sabe qué cosa es el Kotob Khan con jota o con hache y ya estuvimos frente a estas tiendas, ya pasamos muchas veces por esta calle y por las otras, y giramos en u y nos alejamos otra vez. La hora avanza en líneas concéntricas mientras yo me hundo en la desesperación. *Please, par-levú français? Deutsch? Italiano? Marhaba, habibi, please*, en árabe. Una y otra vez. El chofer mira por el retrovisor al monstruo desencajado, sus ojos muy abiertos, sus pár-pados hinchados pestañeando con alarma, *no worry miss, no scared of me, me good man, we ask*, como si no lleváramos ya un buen rato en vano preguntando. Y se detiene junto a un mercader algo enjuto y se baja decididamente del auto. Veo que hablan los dos levantando las manos y fuman con energía y se acercan otros hombres y todos parecen saber hasta que no saben. El mercader parece saber más y habla o entiende algo el inglés, se acerca a la ventana que he abierto y yo rujo, *please sir, help me*. Me bajo del auto y le ruego que nos acompañe pero él dice que no con la cabeza y con todo el cuerpo, *please*, digo, *please, please come with us*, sin miedo ya de este hombre ni de ningún hombre egipcio, *pleeeease*. Le prometo pagarle el taxi de vuelta a esta esquina donde trabaja, pero él *laa, laa*, y su *nooo* árabe me confunde porque suena a *síí* y yo alargo mis manos hacia él. Es un no rotundo, es un intento de soltar su brazo de mis manos, mis dedos que están por triturarle el codo, mis brazos intentando secuestrarlo. Da un paso hacia atrás, da otro, *laa, laa*, y el lenguaje de todo su cuerpo es de asco. Tiene un puesto de comida que atender y señala hacia un carrito de metal adonde ahora se dirige corriendo con sorprendente agilidad: se le han acumulado los clientes. Y los otros hombres también retroceden asqueados en la oscuridad. El taxista me mira condescendiente y volvemos a poner las ruedas sobre la calle de las casas y de las tiendas todavía iluminadas pero prontas a cerrar. Son las ocho y yo ya estoy una hora tarde para la lectura pero eso tal vez no sea lo que más importa sino que pronto será noche y no habrá más que luces tenues en las calles y no habrá ya nadie en las veredas a quien pedirle nada; le digo al taxista que pare, que me deje aquí. *Sorry miss*, dice el hombre frunciendo los ojos pero es todo lo que puede decir. *It's okey*, respondo, y eso es todo lo que sale de mi boca. Le pago las mil y una vueltas que hemos dado y me paro en la vereda y ahora qué. Ahora qué, qué estoy haciendo aquí sola en esta calle sin saber siquiera cómo volver.

أَعوذُ

Reconozco, al pie de la librería, el rostro sereno de Karam que no sonríe. *You are here.* Lo dice sin inmutarse, sin sorprenderse de que yo esté llegando tan tarde. En esta ciudad la gente siempre llega tarde, dice, su melena canosa algo levantada por la brisa, y yo me acerco y la abrazo como si acabara de encontrarme con mi abuela resucitada. Ella se deja abrazar, luego me separa. *Welcome in, habibti, there's plenty of Palestinian folks hoping to hear us read.* Su rostro adusto se convierte en una sonrisa, es el rostro de una niña planificando una travesura, anticipándose a un festín. Y yo la sigo hacia el interior de una librería iluminada y me siento junto a ella, todavía agitada, y tomo agua, un vaso de agua al seco, otro vaso en tragos cortos, hasta que el vaso queda definitivamente vacío sobre la mesa y ella inquiere si ya podemos empezar. *Yes*, digo, y viendo a la gente pacientemente sentada alrededor de nosotras pido disculpas por el peor atraso de mi vida excesivamente puntual. Tomo las hojas sueltas del manuscrito en dos lenguas y me aclaro la voz. «Regresar», leo todavía remecida por la adrenalina pensando que no sé qué lenguas sabrán estas gentes congregadas en esta librería, además del árabe. *Ritorno.* / *Return.* / *Revenir.* / *Retornar.* / *Zurückkehren.* Y repito «regresar» y ese verbo suena impregnado de otras lenguas, de otros viajes, escucho mi voz tomada por una música ajena mientras yo pugno por hacer valer mi castellano entre ellas, «regresar», repito en vano, «ese es el verbo que me asalta / *toda vez que penso na possibilidade da Palestina* / *I'm assaulted by that verb.* / *Dieses Wort überfällt mich immer, wenn ich Palästina erwäge* / Me digo / *Mi dico* / *Je me dis* / *Digo para mim mesma:* / no sería un volver sino apenas un visitar una tierra en la que nunca estuve / *da qual não tenho uma única imagem própria* / *Palestine has always been* / *un rumor de fondo* / *immer nur Hintergrundgeräusch gewesen, eine Geschichte* / *a story I tell myself to rescue a shared origin from extinction* / *vor dem Aussterben bewahren will* / *Ce ne serait pas mon retour* / *Não seria um retorno meu.* / Sería un regreso prestado / *ein Zurückkehren anstelle eines anderen* / un volver en el lugar de otro». Y me escucho decir, insistir en «regresar» pero ya no logro seguir leyendo porque Karam toma de mi mano el único micrófono disponible para entonar, ella, ese mismo inicio en su lengua que es la nuestra, y así empieza ella a recitar mi regreso, nuestro regresar, *a'udu. hatha huwal fi'lu allathi yudahimu thihni fi kulli marratin tathibu ilayhi imkaniyyatu filastin. ukallimu nafsi: hiya laysat bi'awdatin, bal muyarradu ziyarati ardin tata'uha qadamaya li'awwali marratin, ardun laysa laha ayyu wuyudin fi thakirati, walaw suratun wahidatun minha. Falatalama kana kullu ma huwa filastini, binnisbati li, muyarradu hamhamatin yusma'u* صَوْتُهَا في الخَلْفِيَّةِ، قِصَّةٍ نلجأُ إِلَيْها لِنُنْقِذَ أَصْلَنَا المُشْتَرَكَ مِنَ الانْدِثارِ. إِنَّها عَوْدَةٌ، نَعَم، وَلكِنَّها لَيْسَتْ بِعَوْدَتِي أنا. هِيَ عَوْدَةٌ مُسْتَعارَةٌ، أيْ أنْ أعودَ بَدَلَ آخَرينْ. بَدَلَ جَدِّي. بَدَلَ والِدي.

Quedo en deuda, en la escritura de las tres partes de este libro, con intelectuales de diversas posiciones por alentar mis deliberaciones y, en algunos casos, mi discrepancia. Theodor Adorno. Mourid Barghouti. Omar Barghouti. Jean Baubérot. Paul Bloom. Noam Chomsky. Hamid Dabashi. Gilles Deleuze. Amos Elon. Norman Finkelstein. Mahatma Gandhi. Hirsch Goodman. Philip Gourevitch. David Grossman. Omar Robert Hamilton. Amira Hass. Eric Hobsbawm. Tikva Honig-Parnass. Rashid Khalidi. Uriel Kon. Saree Makdisi. Nelson Mandela. Vincent Monteil. Amos Oz. Ilan Pappé. Julie Peteet. Maxime Rodinson. Jacqueline Rose. León Rozitchner. Edward Said. Yehuda Shaul. Susan Sontag. Leah Tsemel. Mario Vargas Llosa. Abraham B. Yehoshua. Chris Abani. Javier Auyero. Judith Butler. Jacques Derrida. Namwali Serpell. Meri Torras. Ofrezco también este lejano agradecimiento a los directores de películas y documentales indispensables en la reflexión. Liran Atzmor. Hany Abu-Assad. Ra'anan Alexandrowicz. Yuval Adler. Julia Bacha. Emad Burnat. Esther Hertog. Dror Moreh.